Maman Grète

*Eine Erzieherin aus Deutschland
für KZ-Opfer-Waisenkinder in Frankreich
und weitere Familien-Porträts*

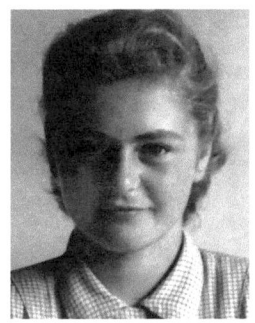

Passfoto 1947

Michel STERMANN

Maman Grète

Eine Erzieherin aus Deutschland

für KZ-Opfer-Waisenkinder in Frankreich

und weitere Familien-Porträts

TWENTYSIX – Der Self-Publishing-Verlag

Eine Kooperation zwischen der Verlagsgruppe Random House und BoD – Books on Demand

© 2016 Michel Stermann

2. Auflage © 2018 Michel Stermann

Herstellung und Verlag:

BoD – Books on Demand, Norderstedt.

ISBN: 9783740749859

*An Danielle und Fabien,
meine beiden Liebsten.*

INHALT

Vorwort an den deutschsprachigen Leser 9
An Maman Grète 11

TEIL I DEINE GESCHICHTE **17**

Deine Anfänge im Leben 19
Abschied von Kiel 25
Verbannt 31
Zurück in eine Großstadt 41
Krieg 45
Psychische Krise und dann angehende Schneiderin 49
Frieden 53
Rémy 57
Emigrantin 63
Abstoß 67
UJRE-CCE, Nizza 71
Andrésy 79
Schwangerschaft 85
Catia 89
Le Raincy (1) 93
Livry-Gargan 99
Le Raincy (2) 107
Ausscheiden von der UJRE-CCE 111
Wirbelknacks 115
Rückkehr zum normalen Leben 123
Ende 129
Nachwort 133
Wortspiele 145

TEIL II PORTRAITS MÜTTERLICHERSEITS **147**

Jacki 149
Mutti 155

Opa	169
Abenteuer der drei Meitmann-Brüder	185

Teil III Portraits väterlicherseits **193**

Rémy	195
Lajzer und Rojzla	215
Reiche Hochzeit in Merlebach oder Muss man Legenden glauben?	227
444 Poplar Street	233
Abschluss	243

Dokumente **245**

Dank	267
Bücher	269
Namenregister	271

Vorwort an den deutschsprachigen Leser

Dies ist keine durchgehend wörtliche Übersetzung des französischen Originals, sondern eine deutsche Fassung durch den Autor selbst. Es war keine einfache Arbeit, denn durch den Stoff bedingt vermischen sich beide Sprachen in vielen der verwendeten Ausdrücke. Auch wurden manche auf den französischsprachigen Leser zugeschnittenen Bemerkungen fortgelassen, neue wurden eingesetzt.

Wobei ich ein für alle Male schmunzelnd bemerken möchte, dass der Leser ebenso gerne eine Leserin sein sollte, die männliche Form also stellvertretend für beide Geschlechter verwendet wird. Also bitte ich die hartnäckigsten Verteidiger der sogenannten geschechtergerechten Schreibweise um Entschuldigung.

Ich habe keine deutsche Schulbank gedrückt, die deutsche Sprache nur durch Sprechen im Verwandtenkreis, durch Lesen und in französischen Schulen als Fremdsprache erlernt. Deshalb ist es mir bewusst, dass so manches vielleicht nicht im besten Deutsch ausgefallen ist, dass manche Redewendung wohl etwas verdreht angewendet wurde, oder allzu wörtlich aus dem Französischen übernommen. Ich bitte darum um Nachsicht und hoffe, dass das Interesse am Lesen dadurch nicht zu sehr getrübt wird.

An Maman Grète

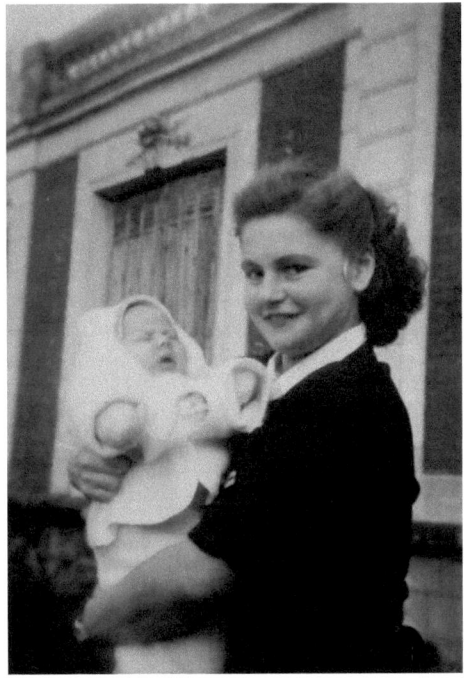

Grete mit Micha *in Le Raincy im November 1951*

Niemand ist in meinem Leben so anwesend gewesen wie Du, *Maman Grète*[1]; niemanden habe ich so vermisst wie Dich. Warum hast Du mich so früh verlassen? Zweimal hast Du mich verlassen. Einmal durch Einnahme von Schlaftabletten am 22. März 1953, als ich erst ein Jahr, vier Monate und zwei Wochen alt war. Überlegte Handlung, Kurz-

---

1 Die Schrägschrift wird für in der Originalform wiedergegebene Ausdrücke verwendet, sowie für Spitz- und Kosenamen bzw. Pseudonyme. *Maman* ist die französische Form von *Mutti* bzw. *Mammi*. *Grète* ist die von der Betroffenen selbst in Frankreich verwendete Schreibweise.

schlusshandlung oder freudsche Fehlleistung? Man weiß es nicht; ich werde es nicht wissen.

Das andere Mal unwillkürlich Deinerseits, nach und nach, untergründig, hat man Dich aus den Gesprächen, den Erwähnungen, den zu beschauenden Bildern verschwinden lassen.

Körperlich kann ich Dich nicht zurückkommen lassen, leider! Aber ich möchte das unausgesprochene Schweigegesetz auslöschen, das wie eine Bleihaube auf mir lastete. Ich möchte der ganzen Welt Deinen Namen entgegen rufen, *Maman Grète*! Kein Grab hast Du mehr. Dann soll dieses Buch Dir ein Denkmal sein.

Warum ich Dich *Maman Grète* nenne? Weil sich *Papa*, *Rémy*, zwei Jahre später wieder verheiratet hat und es dann auch noch eine *Maman Magali* gegeben hat. Tatsächlich sprachen meine Schwester *Catia* und ich eine Zeitlang von *Maman Grète* und von *Maman Magali*. Für uns gab es damals noch ein Nebeneinander von der Margarethe aus Deutschland mit der Margarethe aus der Provence[2].

Dann wurde aufgehört, von der ersten zu sprechen, ihre Fotoalben anzusehen, und aus der zweiten ist kurz *Maman* geworden, ob wir es wollten oder nicht. Besonders nachdem Gilles, unser Stiefbruder, geboren wurde, der seinerseits nur eine *Maman* hatte. Später noch wurde sie dann zu *Mam*, dann *la Mère* (die Mutter) und letztlich einfach *Magali*.

Meine ganze Kindheit und Jugend war ein Zusammensein von Wissen und Schweigen. Als junger Witwer wurde

---

[2] Alternative Quellen leiten *Magali* eher von *Magdalena* ab; dann stimmt mein Satz allerdings nicht mehr.

Rémy zeitweise von der Obhut Eurer Kinder durch Deine Eltern in Hamburg entlastet. Es waren die einzigen Großeltern die ich gekannt habe, denn *Rémys* Eltern kamen im KZ ums Leben. Soweit ich mich entsinnen kann, sprachen auch sie mit mir nicht von Dir. Die Kinder ihres Fleisch und Blutes stets vor Augen zu haben, ohne sich erlaubt zu fühlen, von Dir zu sprechen, die sie so lieb gehabt hatten, welchen Schmerz ebenfalls für sie!

Da habe ich mir in meinem kleinen Kinderkopf gesagt, dass es so sei: „wenn die Leute einmal tot sind, dann gehört es sich nicht mehr, von ihnen zu sprechen; das tut man nicht. Der Schmerz für die Hinterbliebenen ist allzu unerträglich, man darf sie nicht leiden lassen, das ist böse." Ich dachte vor allem an *Papa*, der, nachdem er tausend Leiden in den sogenannten „Konzentrations"-Lagern (welch eine Untertreibung!) erlitten, dort Vater, Mutter, Bruder, Onkel, Tanten, Vettern… verloren hatte, darüber hinaus noch Dein Ableben hinnehmen musste, *Maman Grète*. Ich musste ihn beschützen, wenigstens ihn behalten. Also durfte ich von dem nicht sprechen, was mir auf der Zunge brannte.

Gespräche darüber führte ich nur mit *Catia*, meiner großen Schwester. Sie sprach mit geheimnisvoller Miene von diesen Schlaftabletten, von denen man nicht wusste, ob Du absichtlich zu viele davon eingenommen hattest, als es Dir zu schlecht ging. Von diesem Sturz aus dem Fenster, den Du vorher gemacht hättest, vielleicht beim Fensterputzen, von diesem Gipskorsett, das Du anschließend hättest tragen müssen. Aber mit den Erwachsenen ... nichts mehr.

Der neuen Familienzusammensetzung musste Platz gemacht werden, indem die erste, Deine Familie, dadurch wei-

Familie ist ebenfalls in mir.

Deine Wahl war es, nach Frankreich zu fahren, um das Leben *Remys*, Deiner großen Liebe, zu teilen, und um Erzieherin von KZ-Opfer-Waisenkindern zu werden.

Seit einiger Zeit stehe ich in Verbindung mit einigen von ihnen, die Dich gekannt haben und mir von Dir erzählen können, für mich sehr wohltuend, weil Du ihnen nur gute Erinnerungen gelassen hast. Auf nachdrücklicher Anregung von einem unter ihnen habe ich die Übersetzung ins Französische Deiner etwa einhundertfünfzig Briefe aus Frankreich unternommen.

Übersetzen ist etwas anderes als reines Lesen und Inventar erstellen. Dein Geist und Deine Gefühle dringen dabei viel tiefer in mir ein. Darin werde ich einen Großteil des Materials schöpfen, aus dem sich dieses Buch zusammensetzt, als Ergänzung zu meinen Forschungen über unseren Stammbaum und die Geschichte unserer Familie.

**TEIL I
DEINE GESCHICHTE**

Deine Anfänge im Leben

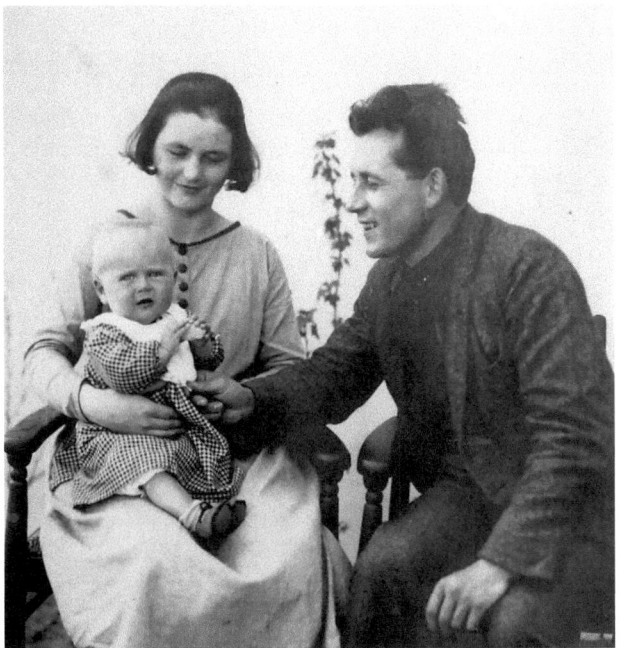

Grete und ihre Eltern

Als Grete Meitmann erblickst Du die Welt, ohne weiteren Vornamen, am Sonntag, dem 2. September 1923 um 3 Uhr 15 in der Frauenklinik zu Kiel[3]. In dieser Stadt sind bereits Deine Eltern geboren, dort wird auch zwei Jahre später Dein Bruder *Jacki* zur Welt kommen. Wenn ich meinen Schulkameraden erzählte, wo ich meine Ferien verbringe, dann sagten sie meistens „Ach ja, Kehl, bei Straßburg". Weit entfernt! Weshalb die nördlichste deutsche Landeshauptstadt in Frankreich so gut wie völlig unbekannt ist,

---

[3] Landkarten mit den wichtigsten erwähnten Ortschaften befinden sich unter den Dokumenten, am Ende dieses Buches.

will mir nicht einleuchten.

Apropos Kehl fällt mir ein persönliches Erlebnis ein – wenn der Leser mir den Exkurs erlaubt. Im Frühjahr 2004, kurz nach meiner Rückkehr aus Philadelphia (s. Kapitel „444 Poplar Street", weiter unten), hatte ich dienstlich in Straßburg zu tun und hauste im Hotel nahe der Europabrücke. Des Abends machte ich dorthin einen Spaziergang. Ich sehe mich noch auf halbem Wege zwischen den Ufern am nordseitigen Brückengeländer stehen. Hinter mir brauste der gemischte grenzüberschreitende Verkehr vorbei, mit vorwiegend Elsässer und Offenburger Nummernschildern.

Unter mir war ich fast erstaunt, auf der dahinfließenden Oberfläche des mächtigen Stroms keine gestrichelte Linie zu sehen, obwohl sie ja in allen Karten verzeichnet ist. Vor mir donnerte ein Zug aus französischen SNCF-Wagen mit vorgespannter deutscher, roter DB-Lok vorsichtig über die benachbarte Eisenbahnbrücke. Ich erblickte beide Ortseingangsschilder: links „STRASBOURG" auf länglichem weißen, rot umrahmten Feld; rechts „Kehl" auf gelbem Quadrat mit schwarzem Rand.

Da kam in mir ein seltsam wohltuendes „Zuhause-Gefühl" auf, das ich noch eine ganze Weile genießen konnte. Ich fühlte mich an der richtigen Stelle, mit einem Fuß in Frankreich und dem anderen in Deutschland.

Soweit über die Neuzeit. Deine Eltern, obwohl von lutherisch-evangelischen Ahnen abstammend, waren Sozialisten und keine Priesterfreunde, weshalb Du nicht getauft wurdest. Erst später wirst Du getauft werden, wohl aus nationalpolitischer Pflicht.

„Grete", dein Vorname, wurde nicht ohne Grund gewählt. Das war nämlich der Kosename der ersten großen Liebe Deines Vaters, Margarethe Dorendorf aus Hamburg, mit welcher er während des ersten Weltkrieges einen regen Liebesbrief-Kontakt unterhielt, während er Frontkämpfer war. Diese andere Grete verzichtete auf ihn, kurz bevor er in die Heimat entlassen wurde, wodurch ihm ein großer Liebeskummer entstand.

Ist es nicht ein bisschen belastend, auch unbewusst, sozusagen ein Ausgleichskind für eine verlorene Liebe zu sein? Diese Dinge sind kaum durchschaubar aber ich lasse vom Gedanken nicht ab, dass die Wahl Deines Vornamens Dein späteres Schicksal mitbestimmen wird.

Auf Deiner Geburtsurkunde, die auf eine Mitteilung der Frauenklinik beruht, wird Dein Vater Karl Meitmann, zwei-und-dreißig Jahre alt, als Beigeordneter der Polizei bezeichnet. Er ist tatsächlich Zivilkommissar mit dem Auftrag, der schleswig-holsteinischen Polizei den Übergang vom Kaiserreich in die Republik zu erleichtern.

Deine Mutter, die schöne Else Meitmann, geborene Adam, ist dann einundzwanzig, mit einer Ausbildung als Möbelzeichnerin und Innenarchitektin. Nach einjähriger Ehe bist Du ihr erstes Kind.

Eure Wohnung befindet sich in einem westlichen Kieler Stadtteil.

Kiel Hasseldieksdammer Weg 217 im Jahre 1925

Nach alten Fotos zu urteilen, lebt Ihr in einem Einzelhaus, wo sich auch ein Laden der Konsumgenossenschaft befindet. Es hat einen Garten, wo Du mit *Jacki*, Deinem Bruder, der am 12. März 1925 geboren wird, in der frischen Luft spielen und dabei die Natur entdecken kannst.

Die Anschrift ist Hasseldieksdammer Weg 217. Über den typisch niederdeutschen langen Namen amüsierte sich Deine Mutter immer.

Diese Wohnung beschaffte Euch wahrscheinlich Dein Großvater mütterlicherseits, Hermann Adam, Gründer und Leiter der Arbeiter-Konsumgenossenschaft, nachdem er seine Arbeit auf einer Werft verloren hatte, weil er eine sozialistisch gerichtete Gewerkschafts-Abteilung mitgegründet und einen Streik mitorganisiert hatte.

Dein anderer Großvater, Johannes Meitmann, hatte einen ähnlichen Werdegang aber er war am Vortage der Hochzeit

Deiner Eltern verstorben. Schade, den hast Du nicht gekannt.

Die dazugehörige Großmutter allerdings auch nicht; Dein Vater war mit sieben Jahren mutterlos geworden, dann von einer Stiefmutter aufgezogen, wie ich. Wer hat gesagt, dass sich die Geschichte nicht wiederhole, sondern dass sie stottere?

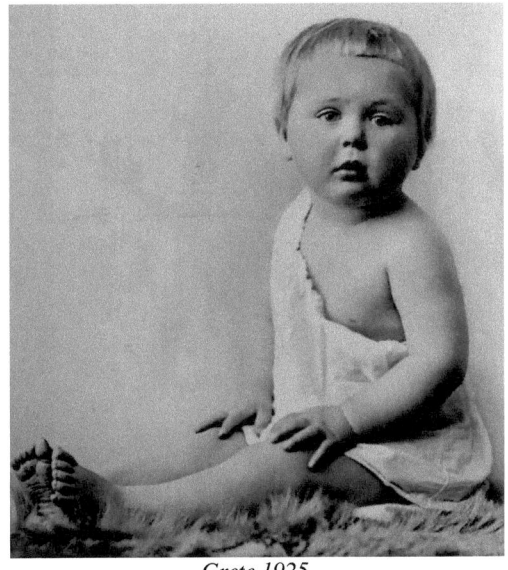

Grete 1925

Du bist ein schönes Kindchen, runde Schnute, helles, steifes, eckig geschnittenes Haar, weit geöffnete Augen, eher grau als Vergissmeinnicht-Blau, wie Deine ganze Familie, meine Schwester inbegriffen. Ich meinerseits habe blau-braun gemischte. Wie das Wasser im Glas, in dem man die Pinsel ausgewaschen hat, die in allen Farben des Tuschkastens gemalt haben, haben sie etwa die Farbe des Farbgemisches.

Abschied von Kiel

Im Jahre 1927, als Du ungefähr vier bist, zieht die Familie etwa einhundert Kilometer weiter südlich nach Altona. Später wird es ein Stadtteil der freien und Hansestadt Hamburg werden, aber zu diesem Zeitpunkt gehört der Ort noch zu Schleswig-Holstein, obwohl im Hamburger Stadtgebiet, jedoch allzu nahe bei der Innenstadt, daher der plattdeutsche Name „*all to nah*".

Dein *Vati* ist nämlich von seiner Partei, der SPD, mit neuen Verantwortungen versehen worden. Er hat das Reichsbanner Schwarz-Rot-Gold für Schleswig-Holstein gegründet, eine Art Ordnungsdienst der Partei, an dessen Spitze er auch steht und er ist zum SPD-Bezirkssekretär gewählt worden. Er wird in wachsendem Maße von seinen Aufgaben beansprucht, Du siehst ihn seltener.

Gleichzeitig entdeckst Du die Hamburger Großstadt, den Seehafen, die U- und S-Bahn, den Rathenaupark, der recht oder schlecht Euren Garten ersetzen muss. Eure Anschrift ist dann übrigens „Am Rathenaupark", was für dessen Nähe spricht.

Zwei Jahre später, in 1929, neuer Aufgabenwechsel für Deinen Vater, neuer Umzug (wie viele Du in Deinem kurzen Leben kennen wirst!). Ihr verlasst Schleswig-Holstein und wechselt nach Hamburg-Fuhlsbüttel über, einige Kilometer weiter nach Nordosten, bekannt für seinen Flughafen und sein Gefängnis.

Ihr wohnt in einem kleinen Mehrfamilienhaus aus dunkelroten Backsteinen unter hohem Ziegeldach, mit erstem Stock und Dachwohnungen, Maienweg 231.

Fuhlsbüttel, Maienweg 231, im Juli 2007

Im 21. Jahrhundert steht das Haus noch, das letzte an der Ecke der Straße zum von dort jedoch nicht direkt sichtbaren Gefängnis, umgeben von einem Garten, in dem *Jacki* und Du Euch wieder schön austoben könnt, sogar kleine Mitspieler habt ihr. Die Architektur wirkt noch heute nicht altmodisch; an den Straßen stehen Baumreihen. Eher angenehm ist es hier.

Dein Vater ist innerhalb der SPD versetzt worden; er ist zum Hamburger Landessekretär, dann in die Bürgerschaft gewählt worden, dem Stadt- und Landesparlament. Er ist sehr beschäftigt, zahlreiche Versammlungen, Reden und Kundgebungen sind vorzubereiten und durchzuführen. Flugblätter und Artikel sind zu verfassen, ein Wahlkampf folgt auf den anderen, Bürgerschafts-, Reichstags-, Präsidentenwahlen. Sozialkämpfe sind auszutragen, politische

Kämpfe gegen diese immer gefährlicher werdende Hitlerbande.

Anni, Oma, *Grete,* Mutti *und* Jacki *1925*

Am 9. September 1929 verstirbt in Kiel Dein *Opa Adam*. Man sah Dich auf Fotos von 1925 in der Wohnung Deiner Großeltern, auf Hermanns hohem Ledersessel hockend oder auf dem Schoß Deiner Großmutter Anna, geborene Feist. Diese beiden schienen von Dir eingenommen. *Oma* wird Dich übrigens um acht Jahre überleben und auch ich werde sie kennen. Der Tod Deines *Opas* hat Dir sicher Kummer bereitet, wie auch Deiner *Mutti*.

Schulausflug – Jacki darf mit (1930)

Im April 1930 kommt ein großes Erlebnis: mit Riesen-Papiertüte in den Armen und nagelneuem Ranzen auf dem Rücken kommst Du in die Volksschule. Damals fing das Schuljahr in Hamburg nach Ostern an.

Auf anderen Bildern sieht man Euch auf dem Schulhof, vor dem Backsteingebäude, Knaben und Mädchen in gemischten Zweierreihen, im Aufmarsch zu einem Schulausflug. Ausnahmsweise darf Dein kleiner Bruder mit; Du hältst ihn an der Hand. Die Jungens tragen einen Marineanzug oder Lederhosen, die Mädchen runde Flachmützen oder einen glockenförmigen Hut. Kleine Umhängetaschen bzw. Rucksäcke.

Ich besitze Deine Schulhefte, darunter die mit Deinen ersten Schreibversuchen. Ihr lernt die Sütterlinschrift, eine genormte deutsche Schrift, der Du bis zum Ende der Nazizeit treu bleiben wirst. Deine Handschrift ist gepflegt, schön regelmäßig und rund. In seinem Schriftwechsel wird Dein frecherer kleiner Bruder *Jacki* allerdings bereits 1940 die lateinische Schrift wagen.

Du lernst gut, wirst eine gute Schülerin werden, mit besonderen Fähigkeiten für Fremdsprachen, Gesang, Musik, Zeichnen und Bastelarbeiten.

Auch *Jacki* wird an der Reihe sein, eine Schülerlaufbahn einzuschlagen, noch kurz bevor den Geschehnissen, die das Leben der ganzen Familie, ganz Deutschlands, später Europas und der ganzen Welt umstürzen werden.

Verbannt

Das Unheil kommt im Januar 1933. Adolf Hitler und seine brutale, skrupellose Banditenriege sind Wahlsieger mit relativer Mehrheit, bestimmen die Regierung unter Wohlwollen des Reichspräsidenten, des alten adeligen Feldmarschalls von Hindenburg, und alles stürzt um.

Da alle übrigen Parteien verboten worden sind, beginnt Dein Vater eine heimliche Opposition. Er beteiligt sich an der Verbreitung von untergründigen Blättern, an halboffiziellen Versammlungen.

Den Kommunisten gegenüber sind die Nazis unheimlich roh und schnellfertig, aber auch gegen die Sozialisten werden sie angehen. In Hamburg steht Dein *Vati* an ihrer Spitze. Also haben sie ihn besonders im Visier. Dreimal wird er bei Versammlungen verhaftet[4], am 24. März für drei Tage, am 2. Mai für zwei Wochen und am 16. Juni 1933.

Diesmal kommt er so schnell nicht wieder. Aus dem Fuhlsbütteler Gefängnis ist ein KZ für politische Gegner geworden und heißt *Kolafu* im Gestapo-Jargon. Da sitzt er drin, so dicht bei Euch, so unerreichbar. Welche Angst für Deine *Mutti* und für ihre Kinder!

Fotos zeigen Euch in den Sommerferien in Kiel mit Onkeln und Tanten, mit *Oma* aber ohne *Vati*. Du hast jetzt eine Bubi-Frisur, mit kürzeren Haaren als Dein krauser Bruder.

---

[4] Siehe auch Dr. Holger Martens, *Auf dem Weg in den Widerstand: Die "Echo"-Versammlung der Hamburger SPD 1933*, Arbeitsgemeinschaft verfolgter Sozialdemokraten, Hamburg 2010

Ihr seid am Strand, Ihr lacht, weil Ihr Kinder seid aber wie belastend, wie bedrohend muss die allgemeine Stimmung sein!

Seit Beginn der Diktatur hat Deine *Mutti* ihr Tagebuch unterbrochen, nichts zwischen Januar und November geschrieben. Deshalb verliere ich ein wenig Deine Spur nach dem Sommer. Seid *Jacki* und Du nach Hamburg zurückgekommen, um die Schule wieder zu besuchen? Die Zeiten sind ungewiss. Was wird nun aus Euch?

Ende Oktober werden sich die Ereignisse überstürzen. Nach Abschluss von Entwicklungen, die ich im Einzelnen erläutern werde, wenn ich seine Geschichte erzähle, wird Dein Vati wieder freigelassen, jedoch mit der Auflage, binnen vierundzwanzig Stunden mit Aufenthaltsverbot Hamburg zu verlassen, und sich nicht mehr politisch zu betätigen. Endlich! Das ging dicht an Euch vorbei. So viele andere sind aus den Klauen von Gestapo und SS nicht lebend wieder herausgekommen.

Bloß: das ganze Leben ist neu aufzubauen. Die Familie Meitmann benötigt ein Zuhause, einen Verdienst, Schulen, ein Mindestmaß an Sicherheit. Im Untergrund ist ein Netz von Helfern am Werk. Nach einigen Wartetagen bei von mir nicht identifizierten Freunden in Niendorf an der Lübecker Bucht, übertragen Deine Eltern Euch Kinder der Obhut Eurer Oma und sie lassen sich weit entfernt in einem verlassenen westpreußischen Nest nieder.

Anfang November 1933 nimmt Deine Mutti ihr Tagebuch wieder auf, mit ihrer Ankunft in Schmagorei, mitten im Nirgendwo. In diesem fernen Osten fragt sie sich, ob sie sich „zwischen Mongolei und Mandschurei" befinde. In

Wirklichkeit liegt dieser Ort östlich von Frankfurt/Oder, im Kreis West-Sternberg, zwischen den Ortschaften Drossen und Zielenzig. Nach dem Kriege wird dieses Gebiet polnisch werden und die Ortschaft *Smogory* heißen. Außer dem Bahnhof ist seine einzige Besonderheit die Braunkohlengrube. Unter Beihilfe eines Parteifreundes, der in der Leitung des Bergwerk-Kombinats sitzt, wird Dein Vati im Büro der Grube als Lohnbuchhalter angestellt. Wenn ich richtig verstanden habe, ist dieser Freund kein Anderer als Herbert Dorendorf, ein Bruder von der bereits erwähnten Margarethe, nach welcher Du benannt worden bist.

Schmagorei November 1933

Anscheinend bezieht Ihr eine Dienstwohnung in einem der Grube gehörenden Einzelhaus. Heller Putz, spitzes Ziegel-Satteldach mit Dachzimmern und Giebelfenstern, kleiner Garten rund herum; Eingang durch eine verglaste Diele oberhalb einiger Stufen. Strom ist vorhanden, aber kaltes, sehr kaltes Wasser draußen an der Handpumpe mit Holzverkleidung. Ein einziger Braunkohlenherd als Heiz- und Kochgerät. Die Umgebung besteht aus Ortsrand und Feldern, so weit das Auge reicht. Grube, Bahnhof und Dorfschule zu Fuß erreichbar.

Dieses Dorf erinnert Deine Mutti wohl an die ländlichen niederschlesischen Wurzeln ihrer Eltern. Früher hat sie ihre Onkel, Tanten und Vetter in diesen fernen östlichen, jedoch südlicheren Gebieten besucht. Eine lange, abenteuerliche Eisenbahnreise mit Hühnern im Abteil und Nachttopf für die Kinder unter dem schützenden Mutterkleid.

Im Dezember bringt Euch Eure *Oma* her, Deinen kleinen Bruder und Dich. Ebenfalls lange Bahnstunden von Kiel über Hamburg, Berlin und Frankfurt/Oder. Eure Großmutter bleibt über Weihnachten und Neujahr bei Euch. Sie fährt später zurück als vorgesehen, weil sie sich beim Sturz auf Glatteis einen Fuß verstaucht hat.

Für Dich als Stadtkind, *Maman Grète*, bedeutet es die Entdeckung einer ländlichen Umgebung. Viel Natur, wenig Komfort, allerhand Tiere, kleine Schule, bäuerliche Kameraden.

Es ist auch eine Zeit der Zurückhaltung. Nicht sagen, wer Du bist, wo Du herkommst, was Dein Vater vorher machte. Übrigens steht in seinem Arbeitsbuch unter „bisherige Beschäftigungsarten von längerer Dauer" schlicht „Vertreter". In dieser Zeit allgemeiner Vorsicht ist sowieso niemand allzu neugierig. Ihr habt alle Eure richtigen Personalien beibehalten, aber in dieser verlassenen Ecke sind die Behörden nicht so pingelig. Nur der Grubendirektor weiß Bescheid; er ist freundlich-wohlwollend und gehört zu Euren Beschützern.

Nichtsdestotrotz ist die Stimmung belastend. Es fehlen Euch Eure Bücher, Euer Spielzeug, Eure Schallplatten, Eure gewohnten Hausgeräte, Eure Möbel. Dein Vati ist düster. Die Politik war sein ganzes Leben. Reden, diskutieren, überzeugen, leiten, handeln fehlen ihm. Er ist wie ein Löwe im Käfig. Kleinigkeiten können ihn in schreckliche Wut versetzen.

Kleiner Sonnenstrahl für Dich: bereits 1934 kommt Euch Euer Freund und Beschützer aus der Kombinat-Leitung besuchen. Bei ihm im Auto, ein ganz junger deutscher Schäferhund als Geschenk; Tello wird er heißen.

Tello, Grete und Jacki *1934 in Schmagorei*

Du strahlst, Du hast eine besondere Liebe für Tiere. Man sieht, wie Ihr ihn in einer großen Blechwanne beim Haus badet und man kann ihn auch auf anderen Fotos sehen, darunter in einem großen Maschendraht-Käfig. Ein Jahr danach sieht man Dich in Gesellschaft eines Foxterriers, Axel. Seltsam ... dauern Hunde bei Euch nur so kurz oder ist es etwa der Hund anderer Leute?

Zum Glück verbringt Ihr Eure Sommerferien 1935 in Kiel, wie es Fotos bezeugen. Sogar Euer Vati ist mit dabei. Nur etwa einhundert Kilometer von dem Ort entfernt, wo er sich nicht aufhalten darf, ist es nicht etwas riskant?

Sommer 1935, Grete (Pfeil) mit Familie und Verwandten an Bord des Fischkutters ihrer beiden Onkel in Laboe

Jedenfalls sieht man ihn mit Euch auf dem hölzernen Fischkutter seiner Brüder und im Badeort Laboe.

Vom Herbst 1935 an reicht die kleine Dorfschule in Schmagorei nicht mehr aus. Man findet für Euch eine gehobenere Lehranstalt in Drossen, der westlich gelegenen Nachbarortschaft. Täglich fahrt Ihr mit der Eisenbahn hin und zurück.

Die Sommerferien 1936 verbringt Ihr in Niederschlesien, auf dem Heimat-Bauernhof der Familie Adam in Putschlau bei Glogau, der immer noch von einer Tante *Muttis* betrieben wird, und bei weiteren Vettern im benachbarten Polkwitz. Man sieht Dich wonnevoll reiten. Strahlend sitzt Du sattellos auf dem Rücken eines Zugschimmels mit dickem Halsbespann. Das Familienarchiv beweist, dass es kein reiner Familienbesuch war. Wie alle Deutschen, müssen Deine Eltern sogenannte Ahnenpässe mit Tauf- und Heiratsurkunden ihrer Vorfahren bis drei Generationen zurück erstellen, als Beweis, dass sich keine Juden darunter befinden. Deine Mutter hat sich der Sache angetan und vervollständigt ihre Forschung an Ort und Stelle über das Notwendige hinaus, wovon ich ihre Notizen behalte.

Wenn Du älter sein wirst, dann wirst Du einen großen bunten Stammbaum malen, alle Personen mit ihren beruflichen Merkmalen versehen. Wenn Du ihr Gesicht kennst, dann zeichnest Du eine Karikatur davon. Dich selbst stellst Du mit einer Art Baskenmütze auf dem Kopf und einen Violinenkasten tragend dar, denn Du wirst ernsthaften Musikunterricht erhalten. Deine Geige und ihren Kasten behalte ich als wertvolle Reliquie zusammen mit dem Familienarchiv. Die Saiten und Bogenhaare sind längst zu Staub zerfallen.

Dieses Instrument benutzte ich als musikalisches Spielzeug während meiner Schulferien bei Deinen Eltern. Wenn ich *Mutti* fragte, wessen Geige es sei, sagte sie mir, sie gehöre ihr, um Dich nicht erwähnen zu müssen. Wie schade! Ich wäre so stolz über Dich gewesen. Viel später erst habe ich begriffen.

Drossen, 1936

Drossen, 1936, Aussicht vom Balkon

Im Oktober 1936 zieht die ganze Familie nach Drossen

um. Der *Vati* ist nun an der Reihe, jeden Tag mit der Bahn zu fahren, denn sein Büro bleibt in Schmagorei. Ihr bewohnt nun eine Art großes, anscheinend nagelneues Berghaus mit verputztem Erdgeschoss, Holzetage mit Balkon, groß genug, wie es scheint, um ein Zweifamilienhaus zu sein. Ihr seid am Stadtrand, Euer Holzbalkon hat Ausblick auf einen See und die weite Landschaft. Rechts im Hintergrund die Kleinstadt um ihren Kirchturm. Ihr scheint besser eingerichtet als in Schmagorei. Dennoch bleibt Ihr nur kurz dort, denn der nächste Umzug (schon wieder…) findet ja bereits im April 1937 statt.

Zurück in eine Großstadt

Dein *Vati*, weiterhin als Lohnbuchhalter tätig, wird in den Sitz des Bergwerkkonzerns nach Berlin versetzt.

Berlin, 1938, Grete ist 15

Ihr braucht eine neue Wohnung, eine Gelegenheit findet sich. Es sei denn, die gefundene Wohngelegenheit hat die Versetzung verursacht. Das weiß ich nicht. Jugendfreunde Deiner Eltern, Frieda und Andreas Gayk, treten ihren Mietvertrag an Euch ab, wenn ich richtig verstanden habe.

Ihr seid im vierten Stock, Knesebeckstraße 16, im sogenannten Gartenhaus (dem hinteren Gebäude), Berlin-Charlottenburg, westlich der Stadtmitte; kleiner Balkon mit Ausblick auf Bäume, auf dem Ihr Euch alle vier oft fotografieren lassen werdet (siehe Fotos weiter unten).

Nach dem noch bevorstehenden Krieg wird Andreas der

sehr populäre Oberbürgermeister werden, der den Wiederaufbau Kiels antreiben wird und die sanfte Frieda, Diabetikerin, wird blind werden. Ich hab sie gekannt und gern gehabt.

Also, zurück in eine Großstadt, die größte, die Hauptstadt. Es ist hinreißend. Geschäfte, U- und S-Bahn, Doppelstockbusse, Parks, Gehölze, Gewässer für Wassersport usw. Viel mehr Kontakte, Verwandte, Freunde.

Deinerseits, *Maman Grète*, bist Du vollzeitig in einer Schule mit fortgeschrittener Pädagogie für Hochbegabte, im Schloss Schöneiche, östlich etwas außerhalb Berlins. Du bleibst in ständiger Verbindung mit Deinen Eltern mittels einfacher Postkarten, die eine kleine Textseite ermöglichen.

Dein Vati wird ein Segelboot haben, dann ein anderes. Auf dem Wasser zu fahren, ist seine Leidenschaft, die er mir übrigens übertragen wird, wenngleich ich ihr jetzt kaum noch nachgehe.

Sommerferien 1937 erneut in Kiel. Fischkutter der beiden Onkel, Strand. Ein schönes junges Mädchen bist Du nun. Und dann geht das Leben weiter, Internat, segeln am Wochenende, Du triffst Deinen Onkel Hans Adam und die befreundeten Kieler Familien, die ebenfalls in Berlin wohnen, Gayks, Brodersens…

Nanu, 1938 bist Du auf einem Foto zusammen mit *Oma*, *Mutti* und *Jacki* vor dem Brandenburger Tor. Deine Großmutter kommt Euch also auch manchmal besuchen.

Berlin 1938, Mutti, *Grete,* Oma *und* Jacki

Der Ehe Deiner Eltern geht es immer schlechter. Streitszenen, beiderseitige unverhohlene Untreue, geplantes, wegen der finanziellen Hürden, der politischen Lage und der Kinder jedoch nicht durchgeführtes Auseinandergehen. Die allgemeine Lage ist gewitterhaft gespannt, aufkommende Kriegsgeräusche.

Trotz dieser Situation unternehmt Ihr im Juli 1939 eine große Segeltour auf der Seen-, Fluss- und Kanalkette von Berlin aus nach Norden, bis zum Müritzsee. Fotos und ein illustriertes „Logbuch" zeugen davon. Großes Abenteuer und letzte Friedens-Unternehmung.

Krieg

Dann bricht Krieg aus. Erste englische Bomben fallen auf die Hauptstadt bereits 1939, dann auf Hamburg und Kiel, die zu den am meisten beschädigten Städten zählen werden. Über fünf Jahre lang werdet Ihr das nervenerschütternde Heulen der Luftschutz-Sirenen erleben, die Nächte im Keller, Explosionen, Großfeuer, Flak-Schüsse, Schaden- und Opfer-Feststellungen, umgehende katastrophale Gerüchte, Besorgtheit um Verwandte und Freunde in der Ferne, endloses Warten auf Lebenszeichen.

In ihren Tagebüchern berichtet *Mutti* im Einzelnen darüber. Das Familienarchiv enthält auch den Postkartenverkehr zwischen Kiel und Berlin, mit dem Medaillenprofil des Diktators auf den Briefmarken. Die Männer in der Familie werden zum Glück nicht wie Millionen andere von der Armee geschnappt und zermalmt werden: *Vati* ist zu alt, *Jacki* ist zu jung.

Grete und Jacki *in Berlin auf dem Balkon Knesebeckstraße 16 im Jahre 1940*

Du besuchst die Unterprima, dann die Oberprima und schaffst das Abitur am 1. April 1941. Du bist noch keine siebzehn, hast also zwei Jahre Vorsprung.

Sofort musst Du Dein halbes Jahr Pflichtarbeit ableisten. In der Nazi-Zeit müssen alle Jugendlichen beider Geschlechter einen unbezahlten Pflichtdienst ablegen. Deine Wahl ist es, Dich nach Kiel zu *Oma* zu begeben, und Hausmädchen zu werden, hauptsächlich mit der Betreuung der Kinder beauftragt, bei einem wohlhabenden Kieler Industrieinhaber, Dr. Hermann Andersen, der an der Spitze einer Metallbaufirma steht. Damals schon fühltest Du Dich von der Kindererziehung angezogen, als eine kleine Mutti für sie.

Aber es ist Krieg, wegen des Marinehafens und der Werften häufen sich die Bombenanschläge. Die Stadt wird letztendlich zu über 90 % zerstört werden. Während einer ganzen Periode mit besonders vielen Luftangriffen flüchtet die Familie Andersen mit Dir etwas abseits nach Lübeck in eine Zweitwohnung.

Oft erkundigst Du Dich nach *Oma*. An Deinen freien Tagen bist Du bei ihr. Fast täglich müsst Ihr in den Luftschutz-Keller. Im Laufe des ganzen Krieges wird Deine *Oma* zweimal ausgebombt. Jedesmal muss sie zu Verwandten bzw. Freunden ausweichen.

Während Deines Kieler Aufenthaltes unterhältst Du einen sehr regen Briefverkehr mit Deinen Eltern in Berlin. Du gibst Lebenszeichen, bittest um welche und erhältst sie. Du bittest um Zusendung Deiner in Berlin ausgestellten Lebensmittelmarken, tauschst Tabakmarken mit Deinem Vater.

Denn nicht nur in den von der Wehrmacht besetzten Ländern herrscht Knappheit. Die dort beschlagnahmten Lebensmittel gehen nicht etwa an die deutsche Bevölkerung sondern an die Armee-, SS-, Gestapo- und Parteibonzen. Deutsche Zivilisten sind genauso den Marken und der Knappheit ausgesetzt wie die besetzten Völker. In Kiel war die Lage sogar oft noch schlechter, weil Bomben die Geschäfte, die Lagerhäuser und den Zubringerverkehr teilweise zerstört haben. Es darf nicht vergessen werden, dass das erste Opfer des Hitler-Regimes das deutsche Volk selbst gewesen ist.

Jedoch scheint die Post trotz alledem bis 1945 funktioniert zu haben und keine Sendung von Familienmitgliedern verloren gegangen zu sein. Ebenfalls per Post stellen Dir Deine Eltern die heikle Frage Deiner Zukunft, Deines weiteren Studiums, der von Dir angestrebten beruflichen Laufbahn.

Vati möchte Dich in einer Lehrtätigkeit sehen, einer gesicherten Beamten-Laufbahn. Du kannst Dich jedoch nicht entscheiden. Einerseits möchtest Du Deinen Vater nicht enttäuschen. Andererseits findest Du das benötigte Studium zu trocken, die Laufbahn zu spröde. Außerdem hattest Du Dich bereits dem national-sozialistischen Unterricht unterwerfen müssen, wodurch Dir wohl angesichts dieses Berufs ziemlich übel wird.

Dein Ideal wäre es, Deine fremdsprachlichen Fähigkeiten dazu auszunutzen, Dich in England oder in Frankreich um Kinder zu kümmern, auch wenn es zu diesem Zeitpunkt noch utopisch scheint. Für Dich ist es eine Gewissens-Qual, im wahrsten Sinne eine „Gretchen"-Frage.

Psychische Krise und dann angehende Schneiderin

Im Oktober 1941, nach absolvierter Arbeitspflicht, kehrst Du nach Berlin zurück. Zank mit *Vati* um Deine Zukunft und – immer wieder – Streit in der elterlichen Ehe. *Jacki* tut als merke er nichts, aber er leidet im Stillen. Als gutes Mädchen gehorchst Du und schreibst Dich an der Friedrich-Wilhelm-Universität ein, in Deutsch und Pädagogie.

Aber es ist zu weit gegangen, Du hast zu viel auf Dich genommen. Du weißt nicht mehr, was Du machen willst. Nach einem Versuch, in eine Theaterschule aufgenommen zu werden, leidest Du unter heftigen Gemütsschwankungen.

Am 21. Dezember 1941 kommst Du in die Universitäts-Nervenklinik des Charité-Krankenhauses. Szenen der Tollheit, des Selbstangriffes, der völligen Niederlage. An Dir werden die damals fortschrittlichsten Mittel angewendet, zu welchen Barbiturate, Insulin und Elektroschocks gehören.

Erschüttert besucht Dich oft Deine *Mutti*. Nicht jedesmal willst Du sie sehen, und Deinen *Vati* niemals. Am 4. Februar 1942 hast Du – endlich – zu einer scheinbar zufriedenen und ergebenen Ruhe wiedergefunden.

Familie Meitmann in Berlin auf dem Balkon Knesebeckstraße 16 im Jahre 1940

Für einige Monate kehrst Du zur Universität zurück. Ende September 1942, beim Semester-Schluss, legst Du jedoch Dein Studium nieder und krempelst Deine Laufbahn völlig um. Deine handwerklichen Fähigkeiten machst Du Dir zunutze, indem Du bei einer Kostümfirma für das Theater in die Lehre gehst. Sie heißt Theaterkunst und befindet sich Schwedterstraße 9. Sechs Wochen später findet man Dich als Lehrling bei der Schneiderin Hilde Romatzki, Kurfürstendamm 28.

Neuer Wandel am 5. Februar 1944. Feldmarschall Hermann Göring hat beschlossen, alle entbehrlichen Zivilisten aus Berlin zu evakuieren. Jeder muss zusehen, wo er sich niederlassen kann. Von nun an ist die Familie auseinandergerissen, bis Kriegsende.

Durch Eure Freunde Hermbergs und dessen Bekannte Röhrdanz, glaube ich, finden Deine Eltern eine Wohnung für Dich in Jena, Wartburgstraße 6, bei Frau Anna Katharina Klingbeil. Im Modehaus Smyrek, Bachstraße 3, setzt Du

Deine Lehre zur Damenschneiderin fort. Bis zum beruflichen Zeugnis wirst Du es schaffen, unter Anfertigung eines Gesellenstückes, in Form eines sehr anspruchsvollen Kleides.

Der Briefverkehr ist nicht abgebrochen, Nachrichten, Lebenszeichen. Dein Bruder kommt nach Jena zu Dir; aus Gesundheitsgründen sowie mit einem bisschen Glück und Mogeln ist er der Einberufung entkommen.

Frieden

Eines schönen Tages im April 1945 erblickt Ihr Soldaten in ungewohnter Uniform: Amerikaner. Die Hitler-Diktatur seid Ihr los, das Kriegsende naht. Euren *Vati* werdet Ihr angeradelt kommen sehen. Tagelang hat er von Berlin kommend ins Pedal getreten. Er schafft es, einen LKW zu besorgen, der Euch mit Euren Siebensachen nach Hamburg zurückbringt.

Mutti fehlt, ihr erkundigt Euch per Brief in Kiel und – o Wunder! – dort ist sie. Ebenfalls per Fahrrad hat sie die gut dreihundert Kilometer von der Oranienburger Gegend aus zurückgelegt, wo sie zuletzt wohnte und arbeitete. Erleichterungsseufzer! Wieder einmal geschafft: Eure Familie ist erneut zusammengekommen.

In Hamburg wird sich Dein Vati bemühen, eine lokale SPD-Organisation wieder aufzubauen. Da Eure ehemalige Wohnung in Fuhlsbüttel nun besetzt ist, wird Euch zeitweilig die Behausung einer Nazibonzen-Familie zur Verfügung gestellt, die auf der Flucht oder verhaftet ist, ich weiß es nicht genau. Also wohnt Ihr Hallerstraße 25, und das über ein Jahr. Die Berliner Möbel sind irgendwo in einem Schuppen; durch eine Speditionsfirma werdet Ihr sie kommen lassen müssen, was mehrere Monate in Anspruch nehmen wird. Sie werden in schlechtem Zustand ankommen.

Recht oder schlecht wird das Leben neu anfangen, in einem verwüsteten Hamburg, wo schlimmste Not herrscht. Alles fehlt, die Warteschlangen ziehen sich hin, der Winter wird furchtbar werden.

Deinem Arbeitsbuch nach bist Du von Juli bis Oktober

1945 beim Modehaus Horn angestellt. Der Eintrag besagt nicht, ob Du als Schneiderin Dein Zeugnis hast gelten lassen können, oder ob Du notdürftig als Verkäuferin arbeitest. Wie dem auch sei, bist Du von Oktober 1945 bis Ende Februar 1946 arbeitslos. Für eine tüchtige, jedoch beginnende Schneiderin sind Stellenangebote wohl knapp. Änderst Du deshalb notgedrungen oder durch eigene Wahl Deinen Beruf? Darüber schweigen meine Quellen; keine Tagebücher mehr, natürlich kein Briefwechsel innerhalb der Familie und – selbstverständlich – wurde mir nichts aus dieser Zeit erzählt.

In der Tat wirst Du Deine Fremdsprachen-Fähigkeiten anwenden. Ganz Nordwest-Deutschland ist zu einer britischen Besatzungszone geworden. Als ehemaliger Bürgerschafts-Abgeordneter und nachdem er die SPD-Landesorganisation wieder aufgebaut hat und er an dessen Spitze steht, befindet sich Dein Vati in einer vermittelnden Stellung zwischen der britischen Militärverwaltung und den deutschen Zivilbehörden. Dabei kommt die Frage der englischen Sprache auf, die Dein Vater kaum spricht. Aus diesem Grunde wird ab 1. März 1946 die SPD Dich als Dolmetscherin anstellen. Deinem Vater und anderen führenden Politikern wirst Du während ihres notwendigen Umganges mit dem militärischen Gouverneur und seinen Mitarbeitern folgen. Es scheint sogar, dass sich einige persönliche, eher herzliche Beziehungen zwischen Deiner Familie und einigen unter ihnen knüpfen werden.

Heymannstrasse 6 im Jahre 1948

Am 1. März 1947 kommt Deine Familie endlich aus dem Provisorischen heraus und kann eine Wohnung mieten – die ich übrigens auch kennen werde. Nämlich im dritten Stock, Lida-Gustava-Heymannstraße 6, in einem ziemlich ruhigen Viertel westlich der Innenstadt, nicht sehr weit von der Hallerstraße.

Als ein Produkt, wie mir vorschwebt, der regen Nachkriegs-Wiederaufbaupolitik, handelt es sich um einen großen fünfstöckigen Wohnblock aus dunkelroten Backsteinen, mit Dachfenstern zwischen den steilen Ziegeln und üppiges Weingewächs an den Fassaden. Davor kleine Rasenflächen hinter niedrigen Backsteinmauern mit kleinen herausragenden Hecken. Gegenüber, ein unbenutztes Gelände; Spielplatz an der Rückseite. Am Straßenende die Hochbahn; etwas weiter, einer der zahlreichen Kanäle Hamburgs, einer „Venedig des Nordens" unter vielen (Amsterdam, Brügge, Stockholm...).

Moderner Komfort ist vorhanden, bis auf Zentralheizung. Anfangs werdet Ihr Euch mit dem Kohlenherd begnügen und den Winter in der Küche verbringen müssen. Dein Bruder und Du habt jeder ein Schlafzimmer, nebst dem Elternzimmer. Ein Merkmal wird mich später staunen lassen: der Schlitz in der Haustür, durch den jeden Morgen der Bote die Post auf den Flurboden werfen wird.

Rémy

Rémy *1947*

Anscheinend hast Du Deinen Traum nicht aufgegeben, Dich in England oder Frankreich um Kinder zu kümmern, da Du ja im August 1946 als Mitglied einer Gruppe junger Deutscher im „Mösli"-Kinderheim in der Nähe von Zürich in der Schweiz an einem internationalen Lehrgang für fortgeschrittene Pädagogie teilnimmst, den die zeitweise in die Schweiz geflüchtete Hamburger Pädagogin Anna Siemsen leitet.

In dieser unmittelbaren Nachkriegszeit mit gesperrten Grenzen ist es eine willkommene Möglichkeit, Deutschland zu verlassen, und Ausländer zu treffen.

In der Gruppe aus Frankreich befindet sich *Rémy*, ein junger Auschwitz-Überlebender, überempfindlich, enorm böse auf Deutschland. Im günstigen Zuge gemeinsamer Beschäftigungen, beim Lagerfeuer, bei Gesang und Musik wird es Dir gelingen, seine deutschfeindliche Wut zu beruhigen. Dein Charme, Deine sanfte Freundlichkeit, Dein Talent machen das Übrige.

Bei diesem jungen Mann aus einer jüdischen Familie polnischen Ursprungs, die von der „rassenfeindlichen" Ermordung schwer heimgesucht wurde, erweckst Du das Bewusstsein, dass nicht alle Deutsche Hitlerfreunde waren, dass viele unter den Nazis gelitten haben, dass es bei ihnen nach einer seiner üblichen Ausdrücke *„des gens bien"* (anständige Leute) gibt.

Im Februar-März 1947 nimmst Du mit zwei jungen Männern als Hamburger Delegation an einem Kongress in London teil, der auf Einladung der *Independent Labour Party* „Vereinigte sozialistische Staaten Europas" anstrebt.

London, Februar 1947, Grete mit Heinz-Joachim Heydorn und Wilhelm Dittmer bilden die deutsche Delegation

Im Familienarchiv befindet sich ein großes Foto von Euch dreien sowie ein Zeitungsausschnitt über das Geschehen.

Allerdings ist es keine leichte Sache, damals ins Ausland zu reisen. Du bist nicht mehr Bürgerin eines Staates sondern gehörst zur Bevölkerung eines besetzten Gebietes. Also kein Reisepass sondern lediglich eine „militärische Reise-Erlaubnis", die nur für eine Ausreise gilt. Und um sie zu erhalten, ist eine ganze Akte zu beschaffen, um zu beweisen, dass Du keiner national-sozialistischen Organisation je angehört hast. Die einzige von Dir angegebene ist die Studenten-Vereinigung; eine Mitgliedschaft darin war wohl beim Universitätsstudium vorgeschrieben. Ich stelle mir vor, Dein Vater hat mit seinen guten Beziehungen zu den britischen Behörden die Erlaubnis erleichtert.

Also überquerst Du auf dem Seewege die Nordsee und hältst Dich in London und in Schottland bei Freunden auf. Weder in Deinem auf dieser Reise geführten Tagebuch, noch dem Deines Schweizer Aufenthaltes erwähnst Du vor lauter Zurückhaltung das Verhältnis, das Du zu *Rémy* geknüpft hast.

Nur ein ganz kleiner Hinweis: In Deinem Großbritannien-Tagebuch steckt eine Zettel mit Bahn- und Fährschiffs-Urzeiten von Le Mans, wo Dein Liebhaber wohnt und arbeitet, nach London. Weiter nichts. Erst im Briefverkehr muss man nach Spuren Eures Idylls suchen. Jedoch nicht etwa im Briefaustausch nach der Schweiz-Reise.

Diese Briefe habt Ihr wohl beide behalten, sie sind im Archiv meines Vaters gelandet, das (freudsche Fehlleistung?) 1989 beim letzten Umzug von *Rémy* und Magali im Keller nebst anderen Sachen „vergessen" worden ist.

Aber das Archiv Deiner Eltern, das ich mir angeeignet habe, enthält mehrere aussagende Unterlagen. Der Durchschlag eines Briefes vom 21. Dezember 1946 und 7. Januar 1947 an einen gewissen Gerold, wahrscheinlich der in Deinem Brief vom 31. Dezember erwähnte Gerold Meyer, Veranstalter bzw. Leiter des pädagogischen Lehrlagers in der Schweiz, verrät, dass Dich *Rémy* dazu eingeladen hat, mit ihm im darauf folgenden Sommer in Le Mans als Kindererzieherin zu arbeiten. Am 22. Januar bestätigt ein Brief von *Rémy* an Deine Mutter die Einladung.

Am 10. April, Entwurf eines Briefes von ihr mit ihrer bestätigten Zustimmung zu Eurem Heiratsplan. Dann gibt es den Durchschlag Deines Briefes vom 28. April an den französischen sozialistischen Abgeordneten Salomon Grumbach, einen Bekannten Deines Vaters, in dem Du ihn um Nachdruck bei Deinem behördlichen Antrag auf Einreise- und Heiratsgenehmigung bittest. In diesem Dokument gibst Du an, dass *Rémy* und Du nach Eurem Treffen in der Schweiz weiterhin Briefe gewechselt habt, und dass er die Gelegenheit Deines London-Aufenthalts ausgenützt habe, um einige Tage mit Dir zu verbringen – das Überschreiten der deutsch-französischen Grenze war damals so gut wie unmöglich –, und dass Ihr dort den Beschluss Eurer Heirat gefasst habt.

Schließlich gibt es den Durchschlag eines ähnlichen Briefes auf Französisch, dessen Empfänger, den Du während des Londoner Kongresses getroffen hast, ich als Simon Wichené, dem Generalsekretär der *Confédération Générale des Internés, Déportés politiques de la Résistance* (Allgemeine Vereinigung der Eingesperrten, politischen Deportierten des Widerstandes) identifiziert habe. Du erinnerst ihn an sein Versprechen, die Behandlung Deines Antrages durch die zuständige Behörde zu beschleunigen, und Du beschreibst Dein Vorhaben, ein neues Leben für diesen Menschen zu bauen, der so viel durch Deutsche gelitten habe.

Emigrantin

So, nun ist Deine Zukunft im Einklang mit Deinem langjährigen Projekt beschlossen; Du wirst nach Frankreich kommen, den von Dir geliebten Mann heiraten und Waisenkinder von KZ-Opfern aufziehen helfen. Mit der großzügigen, jedoch durchaus symbolischen Idee, ein wenig das Böse wieder gutmachen zu versuchen, das manche Deiner Landsleute getan haben.

Dein angehender Ehemann ist damals noch in Le Mans und arbeitet im Kinderheim des *Œuvre de Secours aux Enfants* (OSE, Kinder-Hilfswerk) im Schloss Méhoncourt, unter der leitenden Erzieherin Lotte Schwarz, die ihn sozusagen als Pflegesohn aufgenommen hat. Über seinen Lebenslauf berichte ich weiter unten im Einzelnen. Wie bereits erwähnt, haben sie Dich beide eingeladen, Dich im Sommer 1947 zu ihnen zu gesellen.

So werden die Dinge jedoch nicht laufen. Einerseits musst Du bis zum November auf Dein Visum warten, andererseits wird Lotte in ein OSE-Heim für Jugendliche versetzt, das sich *Rue Rollin* 5, im 5. Pariser Stadtbezirk befindet, nahe des *Place de la Contrescarpe* im Lateinischen Viertel befindet. Eines dieser alten Häuser aus dem frühen 17. Jahrhundert mit schiefen Fassaden, Wänden und Fußböden. Ein ehemaliges Kloster, sagt man. *Rémy* ist ihr dorthin gefolgt.

An diesem Ort wirst Du eines Morgens Mitte November 1947 landen, nach einer Nacht auf einem Sitzplatz im *Nord-Express* von Hamburg nach Paris-Nordbahnhof über Belgien.

Mit einem weiten Zeitsprung komme ich nicht umhin, beim Aufschreiben dieses Zugnamens an die vielen Male zu denken, wo ich meinerseits diese Linie befahren werde, über Saint-Quentin, Maubeuge, Jeumont/Erquelinnes, Charleroi, Namur, Lüttich-Guillemins, Aachen, Köln, Düsseldorf, Essen, Münster, Osnabrück, Bremen, dazu zahlreiche kleinere Bahnhöfe, wo uns unvermeidliche Zwischenfälle zusätzlich anhalten lassen werden, vom Warten auf freier Strecke ganz abgesehen.

Gekannt habe ich den *Nord-Express*, den *Trans-Europ-Express Parsifal*, den *Paris-Skandinavien-Express*, den schlicht nummerierten Nachtzug Paris-Hamburg-Altona, sogar im dritten Jahrtausend die Zugkategorien *Thalys*, IC und ICE, um vor Gericht um die Erbschaft meines Onkels *Jacki* kämpfen zu können, dessen Ersparnisse von seiner Haushaltshilfe entwendet worden waren. Gereist bin ich im Sitzabteil mit *Rémy* oder Magali, im Schlafwagen mit *Opa*, *Mutti* oder allein als Erwachsener, im Großraumwagen 1. Klasse mit Zuschlag unter Aufsicht des Bordpersonals mit Gilles, später im Liegewagen mit oder ohne Halb-Brüderlein… Abgesehen von den Flugreisen, aber das ist eine andere Geschichte.

Nach diesem allzu langen Abstecher – der mir aber am Herzen lag – zurück zu Dir, *Maman Grète*, die Du soeben vom Nordbahnhof ankommst, in jeder Hand einen schweren Koffer[5] mit Deinen unentbehrlichsten Sachen. Du entdeckst Paris von der *Rue Rollin* aus und bist begeistert.

---

[5] Ausdruck frei nach *Jacki*s Lieblingswitz bei schlechtem Wetter: „*Jetzt auf See … und dann kein Schiff … und in jeder Hand einen schweren Koffer!*"

Du vergleichst diese neue Metropole mit denen, die Du schon gekannt hast. Du staunst über tausend kleine Einzelheiten, die Paris bzw. Frankreich eigen sind. Du zeichnest hübsch freihändig mit dem Füllfederhalter die Aussicht aus Eurem Fenster nach der *Rue Monge* und fertigst kleine Skizzen an, um Deine Erklärungen anschaulicher zu machen.

Die gesetzlich erforderlichen Heiratsankündigungen sind wohl vorab geschehen, denn bereits drei oder vier Tage nach Deiner Ankunft, am Donnerstag, dem 20. November 1947 um 11 Uhr 5 findet Eure Hochzeit im 5. Bezirksrathaus gegenüber dem *Panthéon* statt. Notgedrungen muss *Rémy* die Zeugen besorgen: sein älterer Bruder Camille und seine „Pseudo-Mutter" Lotte. Keine Eltern; Deine können aus Hamburg nicht kommen, seine wurden in Auschwitz ermordet.

Durch dieses schnelle Handeln bewahrt Ihr die Ordentlichkeit und guten Sitten und könnt ohne Hintergedanken in einem unter Lottes und *Rémys* Aufsicht stehenden Jugendheim im selben Zimmer wohnen. Euer Hochzeitsessen in Deiner Schwiegerfamilie wird Dein erstes Schmausen „*à la française*", während man in Hamburg immer noch um das Notwendigste ringen muss. Buchstäblich wie der liebe Gott in Frankreich.

Gleich anschließend am Mittwoch, dem 26. November, erhältst Du die französische Staatsangehörigkeit. Meines Wissens musst Du dabei die deutsche ablegen. Ein Jahr später wirst Du auf Deinen ersten Reisepass stolz sein, einen Französischen. Selbst wenn Du kulturmäßig an Deine norddeutschen Wurzeln stark gebunden bleibst, wirst Du Dich in diese französische Gesellschaft, die Du gewählt hast, eng eingebunden fühlen.

Nie jedoch wirst Du jedoch richtige Freude daran finden, Austern zu schlürfen, und Deinen Ekel überwinden können. Mir geht es übrigens ebenso, und überhaupt bei allen Muschel- und Zangentieren.

Abstoß

Du beschreibst das Leben im Heim *Rue Rollin*, interessant, multikulturell. Du kannst auch Deine nagelneue Ehe genießen. „Ich spiele die Frau meines Mannes" schreibst Du am 3. Dezember. Du gibst *Rémy* Deutsch-Unterricht, er spielt den Clown indem er pseudo-deutsche Sätze erfindet; Ihr lacht Euch schief.

Während desselben Monats Dezember entwickelt sich gegen Dich, „die Deutsche", ein Aufruhr von einigen Anführern unter den härtesten Jugendlichen, den Buchenwald-Überlebenden. Obwohl Du lediglich Ehefrau ihres Erziehers bist, verkünden sie ihre absolute Verweigerung, mit Dir unter einem Dach zu leben. Deinem Brief vom 31. Dezember nach, hätten Lotte und *Rémy* zu viel mit „den Knaben" diskutiert, anstatt die Sache von selbst abflauen zu lassen, sodass diese nicht mehr zurück konnten, ohne das Gesicht zu verlieren.

Trotz der Unterstützung von zwei anderen Kinderheimen haben sich die OSE-Direktoren „erst gewunden und gedreht", dann Euch verstehen lassen, es wäre besser, wenn *Rémy* seine Stelle aufgeben würde. Eine wenig mutige Haltung, meinst Du, aus Furcht, die amerikanischen Spender zu verärgern. Wie dem auch sei, gibt Dein Ehemann nach und nun seid Ihr beide am Jahresende auf Suche nach Arbeit. Ihr wohnt mit Camille *Rue Bargue* 15 im 15. Stadtbezirk, der ehemaligen Wohnung von *Rémys* Eltern.

Grete und Rémy *Rue Bargue, Weihnachten 1947*

Du kannst Dich umso mehr mit der Situation abfinden, als Du Lottes Persönlichkeit etwas zu stark und autoritär findest. Dir sei es gelegen, von ihr etwas Abstand zu nehmen. Meines Erachtens stimmt es, dass sie die Art Person ist, die besser als jemand selbst weiß, was für ihn gut sei, und die nicht leicht Standpunkte akzeptiert, die von ihren abweichen. Denn, wenn ich leider kaum Zeit gehabt habe, Dich kennenzulernen, so habe ich *sie* gut gekannt.

Schließlich ist es mit Euch nicht so schlecht bestellt, weil an offenen Stellen kein Mangel herrscht; bis zu vier gleichzeitige Angebote werden Euch zur Verfügung stehen.

Ihr entscheidet Euch für dasjenige unter ihnen, das Euch den frühesten Beginn und die Arbeit als Ehepaar ermöglicht. Es kommt von *La Table Ronde* (der Runde Tisch), ein von den Gewerkschaften und dem Gesundheits-Ministerium unterstützter Verein, der sich um Kinder in schwieriger Lage kümmert. Bereits Mitte Januar 1948 wohnt und arbeitet Ihr in Eurem neuen Heim, im Schloss Nivillers bei Beauvais, nördlich von Paris.

Hier handelt es sich nicht mehr um KZ-Opfer-Waisenkinder aus jüdischem Milieu sondern um soziale Fälle und ehemalige Bestrafte. Nur einen Monat werdet Ihr es aushalten, weil es Euch dort nicht gefällt. Die Kinder sind allzu gestört, laut, ungezogen bis grob, kurz gesagt unerträglich.

Du beklagst Dich über die vielen Bettnässer. Du Ärmste kannst natürlich nicht wissen, dass Dein eigener Sohn unter den gleichen Symptomen leiden wird. Dann bist du aber nicht mehr da, um es zu erleben.

Was die schlimmen Kinder von Nivillers betrifft, so sind *Rémys* fortgeschrittene Erziehungsmethoden bei ihnen wirkungslos; die Rolle des Strafanstalt-Wärters liegt ihm nicht. Darüber hinaus sind die Kollegen nicht besonders sympathisch, die Räume schlecht geheizt, das Wasser fällt aus, Ihr seid zu sehr beschäftigt, um Euch um Eure Wäsche und um das Reinmachen zu kümmern. Das einzig Positive für Dich: in praktischen Situationen stellst Du fest, dass Du mit der französischen Sprache gut fertig wirst, besonders mit dem Verstehen.

Also, „*ein Loch in die Luft*", hätte Dein *Vati* sagen können⁶. Aber auch von einem Misserfolg kann man etwas lernen. Nun wisst Ihr wenigstens, was Euch nicht gefällt. Also, Rückkehr zu den Stellenangeboten und zur *Rue Bargue* in dieser zweiten Februarhälfte 1948.

---

⁶ Wohlgemerkt, als alter *Plattsnacker* sagte er genau: „*Loch in Luft.*"

UJRE-CCE, Nizza

Ein anderes Angebot bezüglich einer Stellung als Chef-Erzieher in der Auvergne, im französischen Mittelgebirge, werdet ihr ablehnen, weil sie Rémy allein betrifft. Ihr bleibt in Erwartung einer Antwort in einer dritten Möglichkeit. Anfang März ist sie da, positiv.

Euer Arbeitgeber wird die *Commission centrale de l'Enfance* (Zentralkommission für die Kindheit, CCE), eine Abteilung der *Union des Juifs pour la Résistance et l'Entraide* (Union der Juden für Widerstand und Gegenseitige Hilfe, UJRE), eine aus dem kommunistischen Widerstand hervorgegangene Organisation.

In Deinem Brief vom 5. März 1948 freust Du Dich auf ein kleines Heim oberhalb Nizza mit dreißig „normalen" jüdischen Kindern und drei Erziehern, deren Chef Rémy sein wird. Mitte März ist es so weit. Ihr seid von der kalten Picardie in die warme Frühlingssonne der französischen Riviera gezogen.

Nun beginnt wohl einer der glücklichsten Abschnitte Deines Lebens. Dein Brief vom 30. März 1948 spiegelt Deine Entzückung wieder. Vierzehn Tage vorher wart Ihr angekommen, um die Villa Domaine de Beauregard, Avenue de Pessicart 240-242 einzurichten. Die vierhundert Stufen, die zur Stadt herunter führen, besagen, wie hoch Ihr liegt und wie herrlich die Aussicht auf Stadt, Land und Mittelmeer sein mag.

Begeistert zeichnest Du mit dem Füller ganz hübsch die Terrasse mit Hausecke, Palmenbäumen, Balustrade und Panorama. Nur eine angedeutete Skizze, aber man meint, man sei dort. In Deinem folgenden Brief vom 7. April zeichnest Du mit Farbstiften das Zimmer, das Ihr Euch eingerichtet habt[7].

Um Euer Glück noch zu steigern, noch voll in den Flitterwochen, erwartet Ihr für den Herbst Euer erstes Kind.

Grete und Rémy auf der Straße in Nizza, am 28. April 1948

Ende März zählt das Heim ihre siebzehn ersten kleinen Insassen, dessen Jüngster dreieinhalb ist. Mitte April kommen dreizehn weitere. Alle wurden der CCE anvertraut, weil ihre Familien sie nicht versorgen konnten, denn bis auf wenige Ausnahmen sind Mutter, Vater bzw. beide im KZ ermordet worden. Größtenteils kommen diese Kinder aus dem Heim in Sainte-Maxime, ebenfalls am Mittelmeer, unweit

---

[7] Siehe Abbildungen im Abschnitt „Dokumente".

von Saint-Tropez. Die Großen passen auf die Kleinen auf.

Nach den Osterferien gehen sie zur Schule, die vierhundert Stufen herab, unter *Rémys* Begleitung. Deinerseits versorgst Du die kleinen, die Sechs- bis Achtjährigen. Du hilfst Ihnen bei den Hausaufgaben. Gegenüber denen in Nivillers findest Du diese Kinder intelligent und guten Willens trotz eines durch chaotischen Schulbesuch und seelischen Störungen verursachten Rückstands.

Ein großes Bedürfnis an Zärtlichkeit und Zuneigung haben sie, und die werden sie bei Dir finden, *Maman Grète*. Rémy wird eher die väterliche Rolle spielen mit Sport, Bauen, erzieherischen Spielen usw. Beide werdet Ihr ihnen das Lesen, die Musik, die Kunst eröffnen. Oft holst Du Rat bei Deinem in Erziehungssachen erfahreneren Ehemann.

Euer tägliches Leben organisiert sich zu Eurer großen Zufriedenheit. Du beschreibst sie im Einzelnen.

*Auf der Heimterrasse in Nizza: Kartoffelschälen
mit Grete (Pfeil) an der Ziehharmonika*

Ganz selten nur erwähnst Du ein Kind mit Namen. Das Einzige in diesem Fall in Nizza ist ein kleiner Mischa, der während der Schlacht um Stalingrad geboren wurde. Da ein Foto Dich mit diesem zärtlich in Deinen Armen gehaltenen kleinen Jungen zeigt, bin ich davon überzeugt, dass ich der Erinnerung, die Du von ihm behalten wirst meinen Vornamen Michel mit Kosenamen *Micha* verdanken werde. Übrigens habe ich es ihm erzählt, denn, obwohl er in den USA lebt, habe ich das Glück gehabt, ihn in Paris zu treffen, wie auch seine in Paris lebende, ebenfalls sehr nette Schwester Esther, die auch auf dem Foto ist.

Esther (links) und Micha Brym, Nizza 1948

Schon sprichst Du von Ferienplänen. Gerne würdest Du nach Hamburg zurückkommen, um Deine Familie wiederzusehen, und ihr *Rémy* vorzustellen. Aber in diesem Jahr wird es nicht möglich sein, weil Euch neuerdings Angestellten nicht ausreichend viele Urlaubstage zustehen, weil im Sommer Deine Schwangerschaft zu weit vorangeschritten sein wird, und weil Ihr Euch die ganze Zeit den CCE-Kindern widmen müsst. Ein anderes Mal also. Du weißt es noch nicht, aber zwei weitere Jahre wirst Du warten müssen, bis Dein Plan gelingen kann.

Inzwischen schlägt eine erste schwere Prüfung auf Eure Ehe ein. Um den 20. Mai 1948 herum verlierst Du im fünften Monat den kleinen Jungen, den Du trugst. Am 23. Mai schreibst Du, dass Du Dich schnell wieder erholst, dass Du Dich während der Pfingstfeiern hättest mehr schonen müssen, dass dieser Zwischenfall Euch nicht daran hindern werde, die drei Kinder zu bekommen, die ihr Euch wünscht, und dass Du nächstes Mal besser aufpassen wirst.

Hat Dir *Rémy* das schwarze Kätzchen namens Mickey als Trost besorgt? Leider wird es nicht lange überleben und Ihr werdet eine kleine gestreifte Muschi haben. Woher es wohl kommen mag, dass wiederum ich Katzen so gern habe?

Die Verliebten, Nizza, Juli 1948

Nizza ist ein Versuchsheim in dem Sinne, dass die CCE es von örtlichen Spendern finanzieren lässt, und nicht von zentral bzw. international gesammelten Spenden, darunter die vom US-amerikanischen Joint Committee, einer jüdischen Solidaritäts-Organisation, wenn ich richtig verstanden habe. In diesem Zusammenhang werdet Ihr und die Kinder in Anspruch genommen, um für das wohlhabende jüdische Bürgertum von Nizza kleine Aufführungen zu veranstalten. Trotz aller Anstrengungen erweist sich die Formel jedoch als erfolglos.

Sehr bald tritt eine miese Finanzlage ein. Eure Gehälter werden nur teilweise, manchmal verspätet, ausgezahlt; manchmal müsst Ihr sie sogar wieder ausleihen, um unentbehrlichen Proviant oder Zubehör zu besorgen. Sodass, nachdem es noch als Ferienheim im besonders heißen Sommer gedient hat, das Kinderheim zum herbstlichen Schulbeginn bereits wieder schließen muss.

Andrésy

Am 15. August 1948 schreibst Du, dass die Kinder vom Schließungsplan noch nichts wissen, und dass Euer Schicksal noch nicht entschieden sei. Ihr werdet entweder in die Alpen, nahe der Schweizer Grenze, oder in die Pariser Gegend geschickt. Im ersteren Fall werde es sich um einen geheimnisvollen Ort handeln, dessen Namen Du nicht kennst, also buchstabierst Du *Exleben*, wie es sich für Dich anhört.

Berge, Wintersport, das hätte Dir schon zugesagt, aber die Nähe der Hauptstadt mit ihren Reizen, sowie „Eurer" Wohnung in der *Rue Bargue* würde Dir auch nicht missfallen.

Sowieso verwirklicht sich die zweite Möglichkeit, wie Du es am 6. September nach Hamburg meldest. Mit einem Teil „Eurer" Kinder zieht Ihr Ende September nach Andrésy, etwa fünfundzwanzig Kilometer westlich von Paris. Der Rest fährt nach … Aix-les-Bains, einem Kurort, der an einem Bergsee in Savoyen liegt.

Ihr reist alle, Katze inbegriffen, mit der Eisenbahn. Du weißt es noch nicht, aber jeder jährliche Schulanfang wird eine Wohnveränderung mit sich bringen, diese ebenso wie die drei folgenden.

Andrésy bedeutet zwar das Ende des Mittelmeerzaubers, des quasi mystischen Orients, das Du in Nizza vorgefunden hattest, es ist nicht mehr dieses fast familienartige Haus, dessen Anfang und weiteren Betrieb Ihr betätigt habt.

Es ist jedoch ein schönes und großes Parkgelände mit

dem bekannten *Manoir de Denouval*, das Du „das Schloss" nennst, mit Ausblick auf die *Seine*, wo Du den vorbeifahrenden Zillen nachschaust, mit der Sehnsucht nach Reisen, und nach den Berliner Gewässern. Es ist auch die Verbundenheit mit den Gewächsen des Parks, dessen Wandel Du im Laufe der Jahreszeiten schwärmerisch verfolgst.

Es bedeutet auch den Einschluss in ein erweitertes pädagogisches Team, in dem sich auch ein weiteres Ehepaar, Pierre und Zette Lunet, befindet sowie – zumindest anfangs – Lotte Schwarz. Aber diesmal seid Ihr nicht mehr unter ihrem Kommando. Sie hat nämlich die Rolle des erzieherischen, künstlerischen und kulturellen Aufweckens bei den Kindern sowie, gewissermaßen, der *Public Relations* den häufigen Besuchern gegenüber, die oft Spender sind.

Sechs Wochen lang, nämlich vom 20. September zum 9. November 1949 fällt Dein Briefverkehr aus, während er normalerweise etwa im Wochentakt erfolgte. Deine Eltern sind besorgt, Dein *Vati* versucht über seinen in Paris lebenden SPD-Genossen Max Cohen-Reuss Nachrichten zu erhalten. Wonach Du *Mutti* und *Vati* folgendes erklärst:

> *„Grund war nicht, dass Briefeschreiben eine Last ist, sondern dass ich durch die Übersiedlung von Nizza doch etwas zu überanstrengt war (zu wenig Schlaf vor dem neuen Anfang in Andrésy, und jeder neue Anfang mit Kindern erfordert Energie). Dazu kam, dass ich immer abends schreibe, und gerade abends hatten wir die wichtigen Anfangs-Diskussionen über alles Neue,*

Organisation, andere Erziehungs-Grundsätze u.s.w. Und an unserem freien Tag, in Paris, geht Rémy mit Vorliebe gleich nach dem von mir fabrizierten Abendbrot ins Theater oder Kino oder ähnliches."

Ihr begebt Euch beide, quasi auf Befehl, zu Cohen-Reuss. Max schreibt brav seinen Bericht am 25. November 1948. Er finde Dich frisch und fröhlich, und *Rémy* vertrauenswürdig. Ihr liebt Euch sehr, habt viel zu tun und Eure Arbeit gefalle Euch. Es gebe keinen Grund, sich euretwegen Sorgen zu machen, so seine Meinung.

Schön und gut, wie man so sagt, aber kein Rauch ohne Feuer. Hast Du doch anderthalb Monate lang nicht das geringste Kärtchen geschrieben. Mit der Kenntnis Deines Werdeganges kann ich mir nichts anderes als einen kleinen Depressions-Anfall vorstellen. Der Nervenarzt, der Dich 1941 in Berlin behandelt hat, bezeichnete Dich nämlich als „manisch-depressiv", was man heute „bipolar" nennen würde. Das bedeutet einen Wechsel zwischen „begeistert" und „niedergeschlagen".

Ich bin der Überzeugung, dass Du im Jahre 1948, erst fünfundzwanzigjährig, mit neu eingeschlagenem, selbstgewähltem Lebenslauf, mit dem Erlebnis der großen Liebe, weit öfter obendrauf bist, als unten drunter. Aber hier haben wir es wohl mit einer dieser Flauten zu tun.

Die Ursachen lassen sich erraten. Vielleicht mit Verspätung die Folgen des Verlustes Eures ersten Kindes, wohl auch die Enttäuschung, das zauberhafte Ufer des Mittelmeers so schnell wieder verlassen zu haben, das Ende der schönen Sommerzeit und der nahende Winter. Ebenfalls erwähnst Du mehrere Zimmerwechsel innerhalb des „Schlosses", sowie einen etwas überlasteten Stundenplan, woher Überanstrengung und Schlafmangel kommen. Wahrscheinlich hat dies alles mehr oder weniger mitgespielt.

Wie dem auch sei, gewöhnst Du Dich letzten Endes an Eure neuen Umstände und alles gerät wieder ins rechte Lot. *„Jetzt haben wir begriffen, dass wir uns besser ausruhen, wenn wir von Zeit zu Zeit unseren freien Tag mit Lesen und Schlafen im Heim verbringen."*

Du beschreibst Dein neues tägliches Leben. Schließlich bist Du mit der Art zufrieden, wie Du mit *Rémy* zusammen arbeitest. Ihr betreut gemeinsam eine Gruppe von vierundzwanzig Neun- bis Zwölfjährigen und Ihr teilt Euch die Aufgaben. Außerdem bist Du Aushilfs-Betreuerin für die ganz Kleinen, bei Bedarf.

Am 12. Dezember 1948 berichtest Du, dass David, *Rémys* siebzehnjähriger Bruder, sich als Erzieher zu Euch gesellt hat. Mit den Großen, den Achtzehnjährigen, hat es nicht geklappt, aber mit den Kleinen geht es gut. Das Seltsame ist, dass keiner von den ehemaligen Andrésy-Kindern, die ich getroffen habe, sich an David erinnern kann. Du kannst es doch nicht erfunden haben! Du wirst sogar erzählen, dass er im Sommer 1949 Betreuer in einer „Ferienkolonie[8]" gewesen ist, „bei der spanischen Grenze" (vielleicht handelt es sich um Tarnos an der Atlantikküste)

---

[8] Frz. *Colonie de vacances.* So bezeichnet man in Frankreich die Kinder-Sommerheime, von Schulen, Gemeinden, Betrieben usw. organisiert. Grete übersetzt den Ausdruck einfach wörtlich.

aber hier habe ich ebenfalls niemanden getroffen, der sich daran erinnert, und keine Spur in irgendwelchen Unterlagen außer Deinen Briefen. Seltsam, seltsam...

Was Dir ebenfalls gut tut sind die Weihnachtsferien, Eure ersten richtigen Ferien, seitdem Ihr als Ehepaar zusammen arbeitet. Ihr verbringt sie „in Eurer Wohnung" in der *Rue Bargue*, zusammen mit Monique, *Rémys* kleiner Schwester, gerade zwölf geworden. Nach einem Neujahrsschmaus mit Champagner fängt das Heimleben wieder an.

Am 17. Januar 1949 gibst Du viele Einzelheiten bekannt. Euer Zimmer im Heim gefällt Euch ganz gut, klein aber mit fließend warmem Wasser. Zu Hanukkah gab es eine große Feier mit Aufführungen in Jiddischer Sprache:

„Aus einem anderen Heim war eine jiddische Kasperpuppen-Truppe gekommen, die spielten ein Stück auf Jiddisch, und wenn der Kasper die Kinder was fragte, herrschte statt fröhlichen Gebrülls eisiges Schweigen – die Kinder verstanden kein Wort! Wir verkrochen uns händeringend. – So kommt die Wahrheit doch stets ans Licht."

Du leitest ein „*Web- Näh- und Bast-Atelier*", was übrigens auch ein Foto bezeugt. *Rémy* betreut Töpferei und Tischlerei. Diese Tätigkeiten beschäftigen jeweils ein Dutzend Kinder, einmal in der Woche.

Der Winter ist mild: 10 Grad. Viele Kinder liegen mit Grippe im Bett aber Ihr bleibt beide verschont. Auch schreibst Du: *„Das Leben mit den Kindern wird jetzt immer angenehmer. Man hat sich aneinander gewöhnt, sie vertrauen uns schon viel mehr, man hat gemeinsam was* *getan und erlebt"*. Nanu, hat es etwa Anpassungs-Schwierigkeiten gegeben? Das hattest Du nicht erwähnt, vielleicht hat es in den sechs brieflosen Wochen stattgefunden und könnte einen weiteren Grund für Dein Herbst-Tief anzeigen.

Während des allgemeinen abendlichen Waschens der Kinder spielst Du Geige und *Rémy* Blockflöte. Einem französischen Sprichwort nach, besänftigt Musik die Sitten. Du schreibst, dass Lotte ihren Posten aufgegeben habe, um nicht Pierres Platz zu nehmen (Pierre Lunet?), weil dieser ihr zu sympathisch sei. Sie habe eine Stellung in einer staatlichen Behörde für Waisenkinder-Dörfer gefunden.

Du bist scheinbar in einer guten Phase denn Du gibst an, Dich ständig zu freuen, die richtige Lebenswahl getroffen zu haben. Du fühlst Dich gut in Form und auf der Höhe Deiner Aufgabe. Rückblickend denke ich, dass Andrésy der Höhepunkt Deiner Laufbahn als Erzieherin ist, die Periode, wo Du Deine Fähigkeiten in vollem Maße ausüben kannst. In der Folgezeit wirst Du sicher stark bedauert haben, dass es nicht mehr so sei wie damals.

Schwangerschaft

Am Montag, dem 7. Februar 1949, meldest Du Verdauungsprobleme, wahrscheinlich eine Schwangerschaft. Im Gegensatz zu Nizza wirst Du Dich gut ausruhen können, weil Du ja eine Kindergruppe mit Deinem Ehemann gemeinsam betreust. Und, füge ich hinzu, hier gibt es keine vierhundert Stufen zu steigen. Alles ist in Ordnung.

Du verdienst zehntausend Franken im Monat (mit freier Verpflegung, Wohnung und Wäscherei), Dein Schwager Camille bekommt als Facharbeiter zwanzig- bis fünfundzwanzigtausend. Du sagst nicht, ob Dein Mann denselben Verdienst hat wie Du.

Bereits am 10. Februar bestätigst Du, dass Du schwanger seist. Deine Eltern haben geschrieben, dass sie sich über Deine Zufriedenheit wunderten. Du auch, sagst Du. Aber Du fühlst Dich wirklich von Tag zu Tag besser und freier. Eine Welt, die Dir fremd war, bewältigst Du nun immer besser. Du führst Pläne aus anstatt sie nur auszuarbeiten. Sei es nur, dass Du Geld verdienst und es in schöne und nützliche Dinge umsetzt. Das ist für Dich etwas Neues.

So teilt Ihr Euch Eure Gehälter: jeder verfügt über ein Viertel der Masse und die andere Hälfte kommt in die gemeinsame Kasse.

Du hast eine neue Frisur: die Haare *„seit Monaten nicht mehr hochgekämmt, sondern umrahmen, dauergewellt und nach hinten gekämmt, das Gesicht"*. In den Geschäften hält man Dich für ein Kind und redet Dich mit „*Na, Kleine*" an. „*Familien-Schicksal*", sagst Du. Wie bei Deiner Mutter täuschen Dein jugendliches Aussehen und Deine kurze Körperlänge die Leute.

Das kenne auch ich. Jahrzehntelang habe ich sogar einen Vollbart getragen, damit wenig aufmerksame Personen mich nicht mehr mit „*Bonjour, Madame*" begrüßen konnten, ohne sich selbst lächerlich zu machen. Jetzt als Rentner bin ich eher zufrieden, jünger auszusehen, genauso wie es *Mutti* erging.

Und wie hast Du gesprochen? Natürlich sagst Du davon nichts. Einige Deiner ehemaligen Pflegekinder haben mir erzählt, dass Du eine melodische Stimme hattest, sehr hübsch sangst, dass Dein deutscher Akzent leicht und sanft klang, etwa wie bei der Schauspielerin Romy Schneider. Einige können sich sogar überhaupt nicht an einen Akzent erinnern. Das ist überraschend wenn man bedenkt, dass Du erst seit einem Jahr in Frankreich lebst. Du musst tatsächlich eine hohe Begabung für Fremdsprachen gehabt haben.

Am Mittwoch, dem 13. April 1949, ab in die Osterferien. Mit zwölf Heimkindern zeltet Ihr im burgundischen Morvan-Gebirge, am Settons-See. Der Aufenthalt verläuft gut. Ihr baut Sommerpläne, die übrigens nicht verwirklicht werden. In diesem Jahr wird Hamburg noch einmal entfallen, aber noch wisst Ihr es nicht. Am Dienstag, dem 3. Mai, meldest Du stolz Deinen ersten Reisepass. Er wird noch ein Jahr warten müssen, bevor er gebraucht wird.

Vorerst nehmt Ihr an einer Massen-Kundgebung der Welt-Friedenskonferenz teil und trefft Vorbereitungen für die erste Ausstellung für den Frieden der Bewegung gegen Rassismus, Antisemitismus und für den Frieden (MRAP).

Ihr müsst auch viel unternehmen, damit in den Sommerferien viele „Eurer" Kinder in ausländischen Familien untergebracht werden können.

Eure freien Tage verlebt Ihr in der *Rue Bargue* („*… es ist zu schön, in unserer Wohnung Ehepaar zu spielen*"), denn Euer sonstiges tägliches Leben ist wirklich untypisch, den Takt gibt das Leben der Heimkinder an, die Ihr betreut.

Gewichtsmäßig schlägst Du jeden Rekord, schreibst Du. Die Vornamenwahl für Euer erstes Kind ist an der Tagesordnung. Damals gab es natürlich noch keine Ultraschall-Bilder, also muss für beide Geschlechter gesorgt werden. Für ein Mädchen habt Ihr schon *Catia* gewählt (Anna-Katherine), mögliche Kurzform: *Anka*. Für einen Jungen seid Ihr noch dabei, Marco, Guy, Romain, Jacques, Jean, Joseph und Adolf auszuschließen. Warum gerade diese (außer dem letzten…)? Weiß der Teufel.

Am 19. Juni zeichnet sich ein Reiseplan für Deine *Mutti* ab. Vom 7. September bis Anfang Oktober wird sie kommen, um Dir bei der Geburt zur Seite zu stehen. *Rémy* wird seinerseits eine Kindergruppe sechs Wochen lang nach London begleiten und seinen Sommerurlaub von Ende August bis zum 1. Oktober nehmen. Du wirst Mutterschafts-Urlaub vom 15. Juli bis mindestens 1. Oktober erhalten.

Eure Katze Muschi hat Junge bekommen und ist verschwunden. Ihr schafft Euch ein neues Kätzchen an, Djiki, so klein, dass das es „*in* Rémys *Hand schlafen kann*", von dem jedoch später nicht mehr die Rede sein wird.

Es folgt ein etwas unruhiger Zeitabschnitt, in dem Du versuchst, über Deinen *Vati* und dessen Beziehungen eine Unterkunft für Dich in London zu besorgen, weil Du *Rémy* dorthin begleiten möchtest. Letzten Endes wird die CCE Dir das Reisen verweigern, mit der Begründung, dass Dein Mann sich ganz der Aufsicht der Kinder widmen soll, die ihm anvertraut sind. Was schließlich keine schlechte Entscheidung war.

Der Sommer wird nämlich besonders heiß werden und Du verbringst eine sehr angenehme Zeit mit Ruhe und Erholung im Park Denouval, wenn Du auch am Schluss Deinen Mann vermissen wirst. Vor der Abfahrt in die Ferien schlafen um die vierzig Kinder außerhalb des Gebäudes, in großen Zelten. Anschließend bleibt Ihr unter Erwachsenen, mit einer sehr geringen Anzahl verbliebener Kinder.

Catia

Am Dienstag, dem 23. August 1949 erwähnst Du die Direktorin, aus Litauen stammend, ebenso alt wie Deine *Mutti*, und die sich auf ihren Besuch freut[9]. Letztere wird im Wärterhaus an der Parkeinfahrt wohnen können. Ausnahmsweise erwähnst Du auch die Tochter dieser Dame, Betty, die sehr an *Rémy* hängt und zur Londoner Gruppe zählt. Du führst einen regen Briefwechsel mit den im Ausland untergebrachten Kindern.

Am Sonnabend, dem 27. August, meldest Du Deinen Eltern, dass Du es versäumt hast, sie von der Durchreise des Zuges durch den Hamburger Hauptbahnhof zu unterrichten, der eine Eurer Gruppen aus Norwegen zurückbringt. Sie hätten hinfahren, und französische jüdische Kinder erblicken können. „*Sie sehen aber nicht anders aus, als gewöhnliche Menschen*", sagst Du.

Dann bricht der Briefverkehr ab. Ganz normal, weil Deine *Mutti* ja zu Besuch gekommen ist. Für sie bedeutet es die Entdeckung Frankreichs, von Paris, von Denouval, von *Rémy*, von den Euch anvertrauten Kindern.

Du wirst in der Klinik in Poissy entbunden, wo sie Dich täglich mit dem Fahrrad bzw. Autobus besuchen kommt.

---

[9] Meine ermittlungen haben ergeben, das sie sich in Frankreich Jeanne Bideau nannte und nicht Direktorin sondern Haushälterin war.

Catia *in* Rémy*s Armen, des glücklichen Papa*

Am 18. September 1949 um zwei Uhr morgens geschieht das „glückliche Ereignis". Es ist ein Mädchen. Als Vornamen gibt *Rémy* beim Standesamt *Catherine Anne* statt wie von Dir angekündigt *Anne-Catherine* an. Entweder habt Ihr Eure Meinung geändert, oder der Anzeigende, nach einer schlaflosen Nacht erschöpft, hat sich vertan, oder aber er hat Dir einen Streich gespielt. Weiß ich nicht. Der erste Fall wäre mir lieber. Wie dem auch sei, aus ist es mit dem vorgesehenen Kosenamen *Anka*.

Bleibt *Catia*, in Deinen deutschsprachigen Briefen *Katja* buchstabiert. Viel später, nach dem *Teenager*-Alter, wird der Name nochmals in *Cat* abgekürzt werden. *Anne* seinerseits ist in Ehren von Anna Judith, genannt *Aniouta/Anjuta*, später *Aniou*, der Tochter von Lotte Schwarz, gewählt worden. Ihr seid scheinbar gute Freundinnen. Sie ist damals Medizin-Studentin und wird später Orthopädie-Chirurgin werden. Es ist jedoch auch zu beachten, daß *Oma* und *Mutti* mit erstem beziehungsweise zweitem Vornamen Anna heißen.

Catias Ankunft auf dieser Erde ist alles Andere als eine Fahrt durch ruhiges Gewässer. Am 10. August 1949 hast Du nämlich bereits geschrieben, dass das Kinderheim Andrésy an der Reihe ist, zu schließen. Wie immer begründet durch die Finanzen; wegen des McCarthyismus' beendet das US-amerikanische Joint Committe seine Spenden an die als eine kommunistische Organisation angesehene CCE. Und weil das große Haus im Winter schwer zu heizen ist, verschlingt es täglich eine Tonne Kohlen, eine Ausgabe von elftausend Franken. An den zehntausend Deines Monatslohns gemessen, eine enorme Summe. Übrigens wurde eine Zeitlang der Heizofen nur an den Tagen angezündet, wo geduscht wurde. Außerdem verlangt das Heim zu viel Personal.

Also wird es aufgelöst und seine Insassen auf zwei kleinere Kinderheime in Le Raincy verteilt, diesmal ein östlicher Pariser Vorort, in ganz entgegengesetzter Richtung. Pierre Lunet wird Chef-Erzieher der „Großen" in der *Avenue des Coteaux* und *Rémy* derjenige der „Kleinen", *Allée du Plateau 18*.

Du bedauerst, wieder wie in Nizza „*kleine Rotznasen putzen*" zu müssen, statt mit Deiner jetzigen Gruppe weiterzumachen. Du fragst Dich sogar, ob Du nicht den Beruf wechseln möchtest, gleichzeitig findest Du jedoch, dass Euch das Heimleben gut gefällt.

Angesichts des Ganzen habt Ihr also gleichzeitig mit der Anwesenheit Deiner Mutter, *Catias* Ankunft auf Erden, Euren Umzug und Eure Einrichtung in Le Raincy fertig zu werden. Diese „verrückten Tage" wage ich mir kaum vorzustellen. Dazu allseitige Überanstrengung, einschließlich *Rémy*, gerade von seinem Hitze-Aufenthalt aus London zurück.

Le Raincy (1)

Das sogenannte „*Raincy-Plateau*"-Heim ist nichts anderes als eine zweistöckige Vorort-Villa mit Garten.

Kinderheim Raincy-Plateau, Zeichnung von Mutti, August 1952, Bleistift und Füllfederhalter mit blauer Tinte

Mit der Direktorin *Fée*[10], die Du sehr nett findest, verstehst Du Dich gut. Dein Baby nimmt Dich voll in Anspruch, Du stillst es. Am Mittwoch, dem 12. Oktober 1949 schreibst Du, dass Deine Vertretung am nächsten Tag für einen Monat kommen soll, *„ein ehemaliger Erzieher aus Andrésy, den wir gut kennen und gern leiden mögen."* Meinen Untersuchungen nach könnte es sich um einen gewissen Isard handeln.

Rémy handwerkelt viel, um Eure Einrichtung zu verbes-

---

[10] Kosename für Felicitas Goldfarb.

sern; glücklicherweise ist er handwerklich veranlagt.

In Deinem Brief vom 14. November berichtest Du, dass Dein Vertreter an Ort und Stelle bleibt und Du halbzeitmäßig für monatlich fünftausend fünfhundert Franken angestellt bist, die zu den von *Rémy* verdienten dreizehntausend und Deinem Babygeld von dreizehnhundert hinzukommen. Dein Ehemann wird also besser bezahlt als Du – jetzt wissen wir es – aber er ist ja Chef-Erzieher.

Dank dieser Umstände bist Du jedenfalls frei, nur an denjenigen Beschäftigungen teilzunehmen, die Dich interessieren, und Du kannst Deine Zeit bestens für Dein Kind organisieren, das ruhig und gesund ist. Ende November befasst Ihr Euch mit der Einrichtung und Innenausstattung des „*Klubs*", einer Bude hinten im Garten, für Freizeitbeschäftigungen der Kinder.

Sensation: Du bereitest den Besuch Deines Bruders zu den Feiertagen am Jahresende vor. Nach Schwiegermutter und -Sohn werden sich dann beide Schwager kennenlernen können. Und Ihr werdet Euch nach über zwei Jahren wiedersehen.

Ich vergaß zu erwähnen, dass bei jeder grenzüberschreitenden Reise Du sehr um die Fragen des Visums, des Geldwechsels, der Währungen sowie der Fahrkarten besorgt bist. In jenen Nachkriegsjahren ist nichts einfach.

Die Feiertage werden zu einer glücklichen Zeit aber sie werden mit einer Phase derart starker Ermüdung enden, dass Du den Briefverkehr erst am 2. Februar 1950 wieder aufnimmst. Deine Erschöpfung führst Du auf den vom Stillen verursachten Calcium-Verlust zurück, den Du mit der Einnahme von Calcium-Pillen bekämpfst.

Kündigung oder Entlassung? Du verrätst nicht auf welche Weise Du aufhörst, bei der CCE angestellt zu sein. Sollte ich eines Tages an das Personalarchiv der CCE herankommen, so könnte ich vielleicht Näheres erfahren. Du sagst, dass es eine Erleichterung sei, Dich ganzzeitig *Catia* widmen zu können. Da Ihr Essen und Wohnung frei habt, wirst Du jedoch freiwillig weiter die Beschäftigungen leiten, die Dir gefallen, nämlich Chorsingen und Basteln.

Dennoch ist es für Dich ein Bruch: Du hörst auf, Deinen Lebensunterhalt selbst zu verdienen. Und ich meine, es ist der Beginn Deines „Abstiegs zur Hölle", unregelmäßig, mit Höhen und Tiefen. Aber nach und nach – fast unmerklich – kommen alle Zutaten des Cocktails zusammen, das zu Deinem Ende führen wird; ich komme später darauf zurück.

Inzwischen erhaltet Ihr ein Angebot, das Euch gut gefallen könnte. Durch Lotte kommt Ihr in Verbindung mit dem Pädagogen Ernst Jablonski, genannt „*Jouhi*", der Lehrer für sein Kinderheim „*La Forge*" (die Schmiede) im südlichen Vorort Fontenay-aux-Roses sucht. Ihr besichtigt die Anstalt aber Ihr zögert, weil die dortigen Kinder viele Probleme haben. Das Thema wird später nicht mehr aufgegriffen.

Der Frühling 1950 ist besonders warm. Politisch ebenfalls.

*1. Mai 1950: Grete singend, Daniel Baron (mit Trauerflor)
und weitere Kinder aus Le Raincy-Plateau*

Am 1. Mai berichtest Du, dass Du *Catia Fée* anvertraut hast, um mit den Heimkindern bei fast dreißig Grad am Umzug teilzunehmen. Ihr singt und tragt ein Schild gegen die geplante Remilitarisierung Deutschlands. Es besteht ein Bild, wo Du singend mit den Kindern marschierst.

Du erzählst ebenfalls, dass Du Kleider nähst, zu Freundschaftspreisen. Für Deine eigene Bekleidung fertigst Du vor den Schaufenstern an den Champs-Élysées Skizzen an.

Wieder einmal packt Euch eine große Lust, die Sommerferien in Hamburg zu verbringen. Aber diesmal scheint es, etwas zu werden. Vom 15. August bis zum 15. September wollt Ihr fahren. Und wie am Ende jeden Schuljahres wird über eine Heimschließung gemunkelt, wie Du am 9. Mai 1950 schreibst; Entscheidung binnen 8 Tagen.

Vorläufig wachen die Kinder ohne Erzieherhilfe auf, mit Hilfe von zwei Weckern, die ihnen gespendet wurden. Im

Juni nehmen sie an vier feierlichen Aufführungen teil, um in jüdischen Kreisen Interesse für Eure Heime aufkommen zu lassen. Nebenbei bedauerst Du, dass viele Juden zu sehr unter sich bleiben und kaum französisch sprechen, selbst wenn sie seit langem in Frankreich leben.

Es nahen die Ferien. Einige Kinder verreisen wegen Masern-Ausbruch mit Verspätung, sie mussten sogar in aller Eile im Taxi vom Bahnhof zurück und in Quarantäne versetzt werden. Diesmal wird *Rémy* nicht mit Kindern verreisen, sondern in Le Raincy bis zu Eurem Urlaub bleiben.

Solange genießt Ihr Haus und Garten mit Hahn, zwanzig Hähnchen und fünf Hühnern die ausgerechnet die Anzahl Eier legen, die Ihr zum täglichen Frühstück braucht. Zehn Kinder sind nicht weggefahren, weil sie ausgewählt wurden, um in einem Film mitzuspielen, ein kleines Mädchen sogar in einer Hauptrolle. Der bekannte Regisseur heißt Louis Daquin und der Titel lautet „*Maître Après Dieu*" (Meister nebst Gott)[11].

Das Familienarchiv enthält eine Reihe Fotos dieser ersten Sommerferien 1950 in Hamburg und Kiel, mit *Catia*, die gerade laufen lernt. Nun kann *Rémy* Deine Heimat und Deine ganze Verwandtschaft kennenlernen, Deinen *Vati*, Deine *Oma*, Deine Onkel und Tanten. Er wird allen einen guten Eindruck hinterlassen und *Catia* wird sie entzücken.

Nach diesem heimatlichen Besuch, der Dein altes mit Deinem neuen Leben verbindet, kehrst Du ermuntert, erheitert und voller Energie nach Frankreich zurück.

---

[11] In Deutschland unter dem Titel *Schiff ohne Hafen* vertrieben.

Livry-Gargan

Umso besser, denn der unweigerliche jährliche Umzug erwartet Dich. Diesmal ist es nicht so weit, denn Livry-Gargan, *Avenue du Colonel-Fabien* 81, ist fast nebenan.

Ehemaliges Kinderheim Livry-Gargan im Jahre 2012

Das Haus ist größer, schöner und angenehmer, sagst Du, und Ihr bekommt eine größere Wohnung, im zweiten Stock. Kürzlich bin ich dorthin gepilgert. Das Haus steht noch, rot und grau, mit einigen Eingangsstufen und langen Balkons, wenn auch das Gelände enger geworden ist, um für neue Schulen Platz zu machen, und die alten Baumästen nachempfundenen Zementgeländer weichen mussten.

Das Gebäude gehört der Stadt und wurde dem französischen Roten Kreuz zur Verfügung gestellt, um Wohltätigkeits-Handlungen zu beherbergen, zum Beispiel das Sortieren und Lagern von Kleidungs-Spenden. „Im Gegensatz zum Gedenkschild in Andrésy erinnert hier nichts daran, dass in diesem Haus KZ-Opfer-Waisenkinder untergebracht worden sind, und auch die heutigen Benutzer wissen anscheinend nichts davon." So schrieb ich jedenfalls in der ersten uflage dieses Buches. Inzwischen hat ein örtlicher freiwilliger Historiker mit Hilfe eines Gedenkvereins für Widerstand und KZ-Opfer harnäckig durchgesetzt, dass die Gemeinde in Anwesenheit von ehemaligen Heimkindern am 30. April 2017 eine Gedenktafel feierlich enthüllt hat. Der Text lautet (übersetzt): *„In diesem Haus wurden nach der Befreiung Kinder untergebracht, die der Shoah entkommen waren, von der Union der Juden für Widerstand und Gegenseitige Hilfe (UJRE) betreut, von 1947 bis 1954 - ZUR MAHNUNG"*.

Mit Raincy-Plateau musste also die CCE ein weiteres iher Kinderheime aufgeben, obwohl die Organisation Besitzer des Hauses bleibt, wie wir es ein Jahr später sehen werden, aber – pssst! – Du weißt ja noch nichts davon.

Es gefällt Dir in Deinem neuen Zuhause; Rose, die Direktorin, ist gebürtige Russin – *Fée* befindet sich in Schwangerschafts-Urlaub – der Koch sei Spanier und Anarchist, sein Essen ebenfalls, sagst Du.

Catia rennt überall herum und belustigt die Kinder sehr, wenngleich sich mehrere unter ihnen nicht mehr an sie erinnern können. Das Gedächtnis ist wählerisch. Dieses glückliche kleine Mädchen mit ihren Eltern kommt vielleicht zu sehr in Konflikt mit ihrer eigenen schmerzvollen Waisenkinder-Geschichte.Catia und Grete in Livry-Gargan 1951

Du, *Maman Grète*, sagst nicht, dass Du wieder angestellt seist. Dabei betreust Du mit *Rémy* einen Großteil des täglichen Lebens der Heimkinder, Ende Oktober wirst Du sogar die mit Bronchitis erkrankte Direktorin vertreten. Freiwillig, welche Hingabe! *Catia* verbringt täglich einige Stunden bei einer dafür bezahlten Nachbarin, *Madame Madeleine*.

Im November machst Du Dir Sorgen um Deine *Mutti*, die depressiv ist, sich aus allem Berge macht. Im Juni schon warst Du um Deinen *Vati* besorgt, jetzt Bundestags-Abgeordneter, welcher, nach zwei Auslandsreisen überanstrengt, beim nächtlichen Autofahren einen Unfall erlitten hat. Selbst aus der Ferne fühlst Du Dich für Deine Eltern verantwortlich.

Die Feiertage am Jahreswechsel verlebst Du gut. Die Osterferien, in der zweiten Aprilhälfte 1951, finden Euch mit dreizehn Neun- bis Sechzehnjährigen in Chaponval, einem Ortsteil von Auvers-sur-Oise (wo der Maler Van Gogh zuletzt gelebt hat und begraben wurde). Dazu der Koch und ein kleiner Hund namens Pif. Wegen eines Generalstreiks von öffentlichem Verkehr und Energie fährt Euch Euer Gemüse-Lieferant in seinem Lastwagen hin.

Die Villa, sagt Du, sei vornehm und komfortabel, Ihr fühlt Euch wohl und das Essen sei gut. Aber das Wetter ist eher kalt. Auch da bin ich einmal zur Besichtigung hingefahren. Der Ort ist ruhig, trotz der nahen Eisenbahngleise. Der Treidelpfad bietet schöne Spaziermöglichkeiten an der Oise, einem Nebenfluss der Seine.

Noch weißt Du nicht, ob Ihr im Sommer wieder nach Deutschland fahrt, oder ob die Deutschen Euch besuchen kommen. Am Mittwoch, dem 9. Mai, meldest Du, dass *Catia „ein Geschwist"* bekommen wird: das bin ich. Du fühlst Dich wohler denn je; ich denke, das ist die Auswirkung der Mutterschafts-Hormone, mein erstes Geschenk an Dich. Ihr freut Euch sehr auf ein zweites Kind. Soll mir recht sein: wenigstens war ich gewünscht.

Nun habt Ihr Euch festgelegt: Ihr fahrt im August-September wieder nach Hamburg. *Rémy* wird die größten Schwierigkeiten haben, von der CCE genaue Urlaubsdaten zu erfahren, bis zum letzten Moment, nebenbei gesagt.

Du erzählst, Lotte arbeite nun mit *Madame Maurette* (ich habe sie nie anders bezeichnen hören; hatte die Dame etwa keinen Vornamen?[12]) zusammen, der Gründerin der Genfer Internationalen Schule, wobei sie im Auftrag der UNESCO ein als Bibliothek ausgestattetes Fahrzeug durch die Lande führen.

Was Euer Heim betrifft, so sei die Direktorin Rose sehr nett aber technisch nicht fähig. Alles gehe schief, sagst Du, und die Zentralleitung habe *Rémy* beauftragt darüber einen Bericht zu schreiben.

Um den Spendern zu gefallen, lernen die Kinder das hebräische Alphabet; aus Neugierde gesellst Du Dich zu ihnen. Du erteilst ebenfalls zwei Ausländern Englisch-Unterricht, sowie Deutsch-Unterricht einem sechzehnjährigen Flamen, René, der gut veranlagt sei. Etwa Mitte Juni soll ein großes Frühlingsfest veranstaltet werden.

Inzwischen, so Dein Brief vom 3. Mai 1951, sieht es so aus, als wenn Dein *Vati* in ein schlechteres Verhältnis mit der Hamburger SPD gekommen sei, und andererseits Deine Eltern ein derartiges Eheproblem haben, dass Du ein getrenntes Wohnen Deiner *Mutti* in Augenschein nimmst, was zwar nicht vorkommen wird, Dir jedoch viele Sorgen bereitet.

---

[12] Nachträgliche Recherchen haben ergeben, dass sie Marie-Thérèse hieß und 1981 mit 102 Jahren verstorben ist.

Deinerseits bist Du mit Leidenschaft politisch tätig geworden. Nachdem Du lange Zeit behauptet hattest, Deine politische Erziehung reiche nicht aus, und Du kämest bei Diskussionen in Schwierigkeiten, dreieinhalb Jahre nach Deiner Übersiedlung nach Frankreich, bist Du letztendlich in die französische kommunistische Partei eingetreten. Du bist in einer anderen „Zelle" aktiv, als *Rémy*. Er ist nebenbei ein Aktivist der Friedensbewegung.

Du findest es spannend und lehrreich, den Debatten in der „Zelle" beizuwohnen, den Leuten entgegenzutreten, um die Parteizeitung *L'Humanité* auf der Straße zu verkaufen, bzw. von Tür zu Tür Unterschriften zu sammeln. Du hattest ein ganz anderes Bild von den Kommunisten. Du dachtest, sie wären mit einer Art Mystizismus behaftet und von sowjetischen Spionen unterlaufen. In Wirklichkeit findest Du sie freundlich, ruhig und für ihre Tätigkeiten praktisch veranlagt. Daran kannst Du den Einfluss der Kapitalistischen Propaganda messen, sagst Du.

Ein Geschehnis hat Dich in Deinem Brief vom 23. Mai aufgeregt. Ihr ward zu einer Großkundgebung in der Radrennhalle *Vel d'Hiv*. Nebenbei bemerkt: Du machst keine Anspielung an die Rolle, die dieser Ort in der Judenverschleppung gespielt hat, einschließlich Deiner Schwiegereltern. Jedenfalls wart Ihr dort, ebenfalls Pierre Lunet mit etwa zehn Kindern, und Ihr hörtet dem kommunistischen Spitzenpolitiker Jacques Duclos zu, der die Eröffnungsrede zum Wahlkampf hielt.

Beim Heraustreten unbeschreibliches Durcheinander. Zwei Tränengas-Granaten waren geworfen worden, vermutlich von Gaullisten, sagst Du. Am nächsten Morgen lest Ihr in *L'Humanité*, dass der Ordnungsdienst eine halbe Stunde vor der Veranstaltung zwei Bomben entdeckt und entschärft hatte. Sie hätten ausgereicht, um das ganze Gebäude in die Luft fliegen zu lassen.

Ihr befürchtet den Beginn einer faschistischen Diktatur in Frankreich und fasst Ausweichmöglichkeiten ins Auge, nach Hamburg zum Beispiel.

Du führst einen regen Briefverkehr vor den nahenden Sommerferien. Der Plan, Deinen Schwager Camille mitreisen zu lassen wird scheitern; von seiner Seite. *Rémy* möchte gerne von Hamburg aus nach Berlin zu den internationalen Jugend-Friedenstagen reisen. Vor Ort wird er es aufgeben, vor lauter Müdigkeit.

Dein *Vati* ist zur Kur auf Sylt, nachdem er an einem Knoten auf einem Stimmband operiert worden war. Rednerkrankheit. Ein Politiker, ein leidenschaftlicher Redner wie er, muss sich seiner Stimme enthalten! Auf seinen Wunsch trefft Ihr Vorbereitungen, um den Beginn Eures Urlaubs bei ihm verbringen zu können.

Außerdem hat ein Wohltäter dem Heim in Livry-Gargan Sand für eine Sprunggrube gespendet. *Catia* bekommt einen Vorgeschmack auf Strandleben. Wegen Deiner Schwangerschaft – meine Schuld – wirst Du jedoch aufs Baden verzichten müssen. Tut mir Leid.

Wegen der großen Unordnung habt Ihr im Heim eine große Säuberungsaktion gestartet. Ultimatum von Euch an die Zentralleitung gegen die Direktorin Rose. Sie oder Ihr. Ihr habt ein zweites Zimmer für Eure Wohnung, fast zu schön, um wahr zu sein. Du wirst schon sehen, lange wird es nicht wahr sein.

Anderes Thema: Euer Reisetermin verändert sich laufend. Nach dem 1. August 1951 ist es endlich so weit, weg seid Ihr. Dann keine Briefe mehr, nur eine neue Reihe Fotos, davon viele mit *Catia*, weniger Baby, mehr kleines blondes Mädchen, mit vielen Verwandten drum herum.

Rémy reist als erster zurück, Ihr beiden fahrt bequem im Schlafwagen am 15. September, mit Taxi vom Bahnhof nach Hause. Die schönste Reise in Deinem Leben, schreibst Du. Später versteht man zwischen den Zeilen, dass Du Dich in Deutschland manchmal hast ausruhen müssen, durch Deinen Zustand und die Hitze angeschlagen. Dennoch – na, ja – ich will Dir es gern glauben. Ich denke an den Mythos des Riesen Antäus, der jedesmal, wenn er die Erde, Seine Mutter, berührte, wieder neue Kräfte fand. In Deiner Heimat bist auch Du wieder zu Kräften gekommen.

Le Raincy (2)

Da sind wir nun wieder in Livry-Gargan zurück. *„Das Heim ist ganz voll Gips und Tapeten. Ein Mann tapeziert und malt alle Zimmer (...)"*. Nicht lange seid Ihr davon betroffen. Ihr erfahrt nämlich, dass die Zentralleitung auf die Schnelle einen Umorganisierungsplan der Kinderheime erstellt hat, wonach ein Tausch zwischen Pierre Lunets „Großen" und *Rémys* „Kleinen" stattfinden soll. Aber das bringt ein Problem mit sich: Das *Raincy-Coteaux*-Heim hat keine passende Dienstwohnung. Die gefundene Lösung ist, dass *Rémy* im *Coteaux*-Heim arbeitet aber mit Familie im benachbarten ehemaligen *Plateau*-Heim wohnt.

Jedoch Umsturz in letzter Minute: die Kinder bleiben wo sie sind aber Ihr wohnt trotzdem in der *Allée du Plateau*. Anfangs erscheint Euch die Idee verrückt (*„Erste Reaktion: wir lachten uns schief. Sie mögen es tun mit uns"*), denn Ihr konntet – wir konnten – sehr wohl alle vier in Livry wohnen. Und dann, nach einigem Besinnen, findest Du die Lösung für Euch nicht so übel, obwohl für Eure Organisation weniger vorteilhaft, da Du ja an Ort und Stelle zahlreiche Dienste leistetest. So konntest Du in Abwesenheit der Direktorin am Telefon antworten, Lieferungen empfangen usw.

Also kommt „*ein Lastauto*" am späten Nachmittag des Donnerstags, des 27. Septembers 1951, um Euch mit Euren Siebensachen von Livry-Gargan nach Le Raincy zu bringen. Du schreibst, dass Dir das Leben fern vom Lärm eines Kinderheims „wie im Märchen" vorkomme. Dein Mann fahre zweimal täglich mit dem Rad zwischen der *Allée du Plateau* und der *Avenue du Colonel-Fabien* hin und her, in acht Minuten. Angesichts der steilen Steigung dazwischen, frage ich mich, ob das die Zeit hin, zurück oder im Durchschnitt ist. Höchstwahrscheinlich die beste Fahrzeit, also hinzu, nämlich bergab.

Rémy isst in Livry, macht aber zu Hause eine Nachmittagspause, während „seine Kinder" in der Schule sind. Du sagst, dass Dir Deine sonnige Wohnung im 1. Stock gut gefalle. Der Euch zur Verfügung stehende Raum sei durch die Abwesenheit der Heimkinder jetzt größer. Es bleiben nur noch ein Hauswart, seine Frau und deren neunzehn Monate alte Tochter Jacqueline im Erdgeschoss, sowie zwei ehemalige zwanzigjährige Heimmädchen in der zweiten Etage.

Dabei lebst Du nun wie jede Hausfrau, denn Du bekommst weder Verpflegung noch Wäsche noch Heizung frei. Wasser, Gas, Strom müsst Ihr nun selber bezahlen, allerdings scheinbar keine Miete.

Dir gefällt also die neue Lage, Du siehst „*dem neuen Jahr sehr zuversichtlich entgegen.*" Ich kann mir vorstellen, dass dies wieder hormonbedingt ist, weil die Zukunft aber ganz anders aussehen wird.

Am 10. Oktober beantwortest Du einen Brief, in dem sich Deine Eltern um die Durchführung Deiner bevorstehenden zweiten Mutterschaft besorgt zeigen. Du beruhigst sie mit der Beschreibung, wie alles geplant ist. Anscheinend hast Du Dein Projekt aufgegeben, in der Pariser Klinik der Metallarbeiter entbunden zu werden, die modernste Schmerzlinderungsmethoden aus der UdSSR anwendet. Dagegen hast Du eine Frauenklinik in der Nähe gewählt, im Nachbarort Les Pavillons-sous-Bois, *Avenue Aristide-*

Briand 112, meiner Geburtsurkunde nach.

Diesmal wünschst Du nicht, dass Deine *Mutti* eingesetzt wird, um Dir zur Seite zu stehen. Dir ist es lieber, wenn sie im Frühjahr, bei milderem Wetter, zu Besuch käme, um das neue Enkelkind zu sehen. Während Deines Klinik-Aufenthaltes werden Dein Mann und *Madame Madeleine Catia* betreuen. Deine Tochter spricht übrigens immer besser und beherrscht die deutsche Sprache ebenso gut wie die Französische. Am 25. Oktober steht die Geburt unmittelbar bevor. *Rémy* hat es langsam satt, sich allein um *ca*. vierzig Kinder kümmern zu müssen.

Dein nächster Brief ist vom 8. November, im Bett geschrieben, in der Klinik. Am Sonntag, dem 4. November 1951, um 16 Uhr 30, ist ohne Schwierigkeit ein Junge – ich – geboren worden, den ihr mit den Vornamen Michel Alexandre versehen habt. Mein Gebrauchs-Kosenamen wird *Micha* lauten, für die Deutschen *Mischa* geschrieben. Und kurz *Mich* wenn ich groß bin, insofern ich es mit meinen einhundert achtundfünfzig dreiviertel Zentimeter unter der Latte je geworden bin – bei so wenig muss man schon genau zählen.

Meinen ersten Vornamen habe ich schon erläutert, den ich – vermute ich – dem kleinen Micha aus dem Nizzaer Heim zu verdanken habe. Verbindlich weiß ich jedoch, dass ich meinen zweiten Vornamen in Erinnerung des lieben mütterlichen Onkels meines Vaters erhalten habe, der zwei Jahre zuvor verstorben ist, und bei dem *Rémy* nach seiner Rückkehr aus dem KZ herzlich aufgenommen worden war. Ich habe auch einen Vetter, der aus ähnlichen Gründen so benannt wurde.

Anfangs stillst Du mich, wie Du es für *Catia* getan hast. Später wirst Du jedoch schreiben, dass Du damit aufhören musstest, ohne den Grund zu nennen. Vielleicht, weil Du wieder viel Calcium verlieren wirst, mit ihm sogar drei Zähne. Ich weiß es nicht. Jedenfalls freut Ihr Euch beide über meine Ankunft, und *„der Optimismus der Familie Stermann geht weiter"*. *Rémy* freut sich auch, bald den Beruf zu wechseln, und wie ein normaler Familienvater zu leben, der über seine Abende, Sonn- und Feiertage verfügt.

Am Mittwoch, dem 21. November, schreibst Du, dass wir beide am Mittwoch, dem 14., die Klinik verlassen haben. Der Ehemann der Hebamme und Klinik-Besitzerin (*Monsieur Varoqueaux*, meinen Forschungen nach), ein Kunstmaler, hat uns die Ehre gemacht und *„fuhr uns eigenhändig in seinem Auto, dass Caroline heisst und ein Edel-Wrack ist, nach Hause. Micha döste im Auto, wie Katja vor 2 Jahren."*

Du spielst viel mit *Catia*, die nicht allzu viel Eifersucht zeigt, und sich nur mäßig für ihren kleinen Bruder interessiert. Außer wenn ich weine; dann sagt sie *„tu vois, elle pleure, la poupée"* (siehst du, sie weint, die Puppe) und weint am Schluss mit. Du beschreibst Dein neues Baby: *„Mischa hat bräunliche (bis jetzt) Augen und spärliche blondliche Haare. Ein Zinken von Nase scheint nach Rémy zu schlagen."*

Ausscheiden von der UJRE-CCE

Am Mittwoch, den 19. Dezember 1951 erläuterst Du die Kündigung meines Vaters von der CCE. Er betrachtete sich als für seine Verantwortungen und für seine den Heimkindern gewidmete Zeit unzureichend bezahlt. Er forderte ebenfalls eine Entschädigung für die verlorene Dienstwohnung im Kinderheim und die damit verbundenen Mehrkosten.

Wie die Zentralverwaltung geantwortet hat, will ich Dich lieber selbst schildern lassen:

> *„Angeblich <u>konnte</u> man Rémy nicht geben, was er verlangte, und das Hat Rémy dann als Vorwand genommen, um ihnen zum 1. Januar zu kündigen. Er fand aber neue Arbeit, wo er sofort anfangen musste (1. Dez.) Das war der Knall und Fall-Weggang, aber wir sind nicht verkracht, sie haben uns jetzt als Gäste zu einem Fest im Heim eingeladen. – Die Kinder waren ausser sich: sie haben von der obersten „Dirigentin" Rechenschaft verlangt und darauf bestanden, dass Rémy im Heim bleibt. Es war rührend zu sehen, wie sie an Rémy hingen. Schon dass ich aus dem Heim weg war, hatte ihnen einen Schreck eingejagt. Jetzt ist für sie alles aus, zumal Rémys Nachfolger nach 14 Tagen aufgegeben hat und auch weg ist. Jetzt ist da nur Mme. Jeanne[13] (siehe Andrésy, Mutti) und ein ganz junges Mädchen. Rémy tut es nur leid wegen der Kinder, aber im Ganzen sind*

---

[13] Wahrscheinlich die besagte Jeanne Bideau, Haushälterin und Mutter einer Betty.

wir heilfroh, aus der Sache heraus zu sein. Die Frauen, die da in der Leitung sitzen, sind weder zu ihrer Arbeit fähig noch über Klatsch und bösen Leumund und Hass und Neid erhaben, und von unserer Arbeit hatten sie wenig Ahnung. Ausserdem verdiente Rémy, als Verantwortlicher für 40 Kinder, weniger als ein ungelernter Arbeiter. Das heisst, an Bargeld. Mit Wohnung, Essen, Licht usw. machte das viel mehr, natürlich, war aber trotzdem der Arbeit nicht angemessen. Vor allem der <u>Arbeits-Zeit</u> nicht. Wir freuen uns ganz mächtig, nun endlich mal ein richtiges Familienleben zu haben. Rémy kommt abends um 7 nach Haus! Sonnabends oft ganz frei, sonst ab mittags, und dann der Sonntag! Wir kannten ja weder Wochenende noch Feiertage. Seine Arbeit gefällt ihm gut. Er geht am Tag zu 4 bis 6 Leuten, repariert Heizungen und Küchenherde (Gas-) und hat oft genug 10 DM (800 F) Trinkgeld am Tag! Sein fester Lohn ist 6 000 F die Woche, das sind über 70 Mark nach meiner Rechnung. Aber das Trinkgeld ist bedeutend. Autobus- und Métro-Tickets bezahlt die Filiale. Nur die Fahrt zur Arbeit natürlich nicht. Das macht 2 000 F[14] im Monat. Wir haben aber 11 000 F „Kinder-Geld" von der „Volksfürsorge" im Monat. Das macht im Ganzen etwa 37 000 F. (Jacki, rechne in Mark um.) Damit können wir gut leben. Das Nähmaschinengeld liegt bereit, es fehlte bisher nur an der Gelegenheit"

---

[14] Soll wohl 20 000 F heißen.

In einem seitlichen Vermerk fügst Du hinzu: „Rémys *Arbeit ist nicht für die Dauer gedacht. Wir sind in Kontakt mit verschiedenen Leuten wegen einer ‚Intelligenz-Arbeit'.*" Das ist jedoch nicht, was vorkommen wird, zumindest nicht vor vielen Jahren.

So ist es jedenfalls. Genaugenommen werde ich also kaum mehr als drei Wochen ein Erzieherkind gewesen sein. Obwohl wir noch über zwei Jahre lang in einem der UJRE gehörenden ehemaligen Kinderheim wohnen, ohne Miete anscheinend, denn Du erwähnst weder Miete noch Vertrag und wirst später schreiben, dass sie uns mit zwei Kleinkindern „nicht rausschmeißen können".

Inzwischen naht Weihnachten. Um am Winteranfang Vitamin C einzunehmen, bekommt die ganze Familie Zitronensaft mit dem Löffel zugereicht, der Neugeborene inbegriffen; und es gefällt ihm. Jetzt verstehe ich, warum ich diese Geschmacksrichtung immer noch gern habe, und saure Nahrung nicht abstoße.

Zu den Feiertagen werden Deine Schwager und Schwägerinnen mitschmausen kommen: „*Wir werden Austern schlürfen, zu meinem Entsetzen. Mir drehen sich alle Eingeweide um.*" Wie ich Dich verstehe! Wie kann man bloß solche ekelhaften Sachen essen?

Währenddessen ist *Onkel Jacki* zum Wintersport gefahren. Du sagst, dass es Dir sehr gut gehe. Na, dann genieße! Am Montag, dem 7. Januar 1952, bedankst Du Dich bei Deinen Eltern für die Weihnachtsgeschenke. Wie oft in diesen wenigen Jahren von Päckchen-Senden und –Empfangen die Rede sein wird!

Mit zwei Monaten öffne ich die Augen weit, gebe einige Laute von mir und schlafe gut. Du beschreibst mich als „einen Athleten" mit einigen mittelblonden Haaren und „braun-grau-gelb-grünen" Augen.

Wirbelknacks

In Deinem Brief vom Freitag, dem 8. Februar 1952 hat die Unglücks-Strähne begonnen. Um Eltern und Bruder nicht zu erschrecken, fängst Du mit Kleinigkeiten an, bevor Du damit herausrückst, dass Du seit Dienstag, dem 5. mit einem leicht angeknacksten Wirbel im Krankenhaus liegst. Du breitest Dich über medizinische Aspekte aus, mit angefertigter Skizze des Wirbels, und über die aktive Unterstützung durch *Aniouta*, Lottes Tochter, jetzt Krankenhausarzt, ohne die Umstände Deines „Unfalls" zu erwähnen.

Und hier liegt, für mich, das erste der Dich umgebenden Rätsel. Es scheint klar, dass Du aus einem Fenster unserer Wohnung gestürzt bist. Aber wie kam das? Noch als Kind wurde ich einmal gescholten, als ich mich zu sehr am Fenster hinausgelehnt hatte. *Catia* nahm mich geheimnisvoll beiseite und verriet, dass sie verstanden habe, dass *Maman Grète* beim Fensterputzen gestürzt sei. War das eine „offizielle Aussage", die ihr gemacht wurde wenn sie fragte, warum Du nicht da seist? Sie fügte hinzu, dass Du dann ein Gipskorsett getragen hättest, was wirklich geschehen ist und bis Juli gedauert hat.

In einem späteren Brief, vom 11. Juni, wirst Du die Verwirrung Deiner Eltern erwähnen, als Du ihnen „die Wahrheit" mitteiltest. Na, welche Wahrheit denn? In Lottes Brief an Deine Mutter vom 21. April 1952 beschuldigt sie den Mangel an Ruhe nach meiner Geburt, der einen schwierigen Winter verursacht habe. Sie fügt hinzu, dass wenn es Dir nicht gut gehe, Du Dich nicht beklagest, sondern Dir die „unsinnigsten Vorwürfe" machest.

Während Deinen ersten Wochen im Gips warst Du sehr deprimiert und ängstlich. Was kann man aus dem Ganzen schließen? Dass Du körperlich so kraftlos warst, dass ein Schwächeanfall Dich hat aus dem Fenster kippen lassen? Dass Du so deprimiert warst, dass Du durch einen Fenstersturz Dein Leben beenden wolltest? Aber Du bist doch bei weitem nicht dumm und weißt genau, dass man vom ersten Stock aus kaum den Tod riskiert, wohl aber eine Verkrüppelung und große Schmerzen.

Ich habe Zette, Pierre Lunets Witwe getroffen, sowie Rosette, eine der „Großen", die Pierre vom *Coteaux-* zum *Plateau*-Heim geschickt hatte, um auf *Catia* und mich während Deines Transports zum Krankenhaus aufzupassen. Für beide macht der Suizid kaum Zweifel. Ich bin stutzig. Vielleicht verwechseln sie dieses Drama mit dem nächsten, das Dir ein Jahr später das Leben kosten wird?

Rémy, mein Vater, hat uns nie aufklären wollen. Das gehörte zum Schamgefühl, zum Schmerz, zu dem, was er zu vergessen gewählt hat, nachdem er sein Leben umgestaltet hatte. Hätten wir darüber frei reden können, so hätte es uns, *Catia* und mir, sehr wohlgetan. Naja, so ist es.

Jedenfalls wurden wir beide einer gewissen *Madame Hélène* anvertraut, die eine Art Privatkrippe in ihrem Haus schräg gegenüber der *Allée du Plateau* 18 unterhielt. Du erzählst, sie betreue uns gut, und *Catia* gehe gerne zu ihr.

Von da an haben wir uns also wenig gesehen, Deine Abwesenheit hat schon längst für mich begonnen, da ich mich schon gewissermaßen in den Händen einer zweiten Mutter befinde. Zuerst bist Du lange bei Lotte, in der *Rue Rollin*, in Rekonvaleszenz. *Catia* allein ist groß genug, um an einigen

Sonntagen von *Rémy* in Le Raincy abgeholt zu werden, und Dich zu besuchen.

Lateinisches Viertel, April 1952: Grete mit gipsversteckender Kittelbluse und Rémy nehmen Catia zur Sandkiste mit

Ein Foto zeigt Euch alle drei, im Lateinischen Viertel spazierend. Du trägst die Kittelbluse, die Du angefertigt hast, um sie über Deinem Gipskorsett zu tragen.

Du vermisst Deine Kinder. Am Sonnabend, dem 15. März, hat mich ausnahmsweise ein Freund für einige Stunden mitgebracht. Ich bin „*ein sehr schönes Baby, rund und gepflegt und aufgeweckt.*" Dann fügst Du hinzu: „*Er wird so wie sein Vater, mit braunen Augen.*" Du freust Dich, dass Du mich sehr früh nicht mehr gestillt hast: „*Nun war es ja ein Glück, dass er die Flasche kriegt.*" Den Umständen entsprechend, doch eine gute Sache.

Du warst „*leider eine Zeitlang nicht ganz auf der Höhe*", musstest viel schlafen und schriebst wenig. Lotte schreibt, Du müsstest im Sommer einmal vierzehn Tage irgendwo mit Deinem Mann allein verbringen. Das wären Eure ersten richtigen Ferien. Und in Zukunft müsste jede neue Überanstrengung vermieden werden. Auch bittest Du Deine Eltern um eine Geldhilfe, um Euer tägliches Leben zu erleichtern, die Du dann auch bekommst.

Während Deines Aufenthalts in der *Rue Rollin* wohnt *Rémy* ebenfalls dort und isst mit Dir zu Mittag. Zur Arbeit fährt er, wie Du sagst, auf einem „*Fahrrad mit Aussenbordmotor*". In Deutschland kennt man damals kein *Vélo-Solex*, dieses Fahrrad mit kleinem Zweitakt-Motor vor dem Lenker und Reibungsantrieb über den Vorderreifen. Viel später, in meinen letzten Oberschuljahren und als Student, werde auch ich so einen haben.

Ohne Kinderlast erholst Du Dich gut. Ohne Haushaltsmühen ebenfalls. Dein Bedürfnis einer Haushaltshilfe hast Du schon erwähnt. Also denn, der Fall aus dem Fenster, etwa eine „Fehlleistung" (im Sinne Freuds), um den täglichen Anstrengungen zu entkommen? Du schreibst, Dein Wirbel bereite Dir keine Schmerzen.

Grète und Micha, *le Raincy, Frühjahr 1952*

Am Mittwoch, dem 2. April 1952, erzählst Du, dass Du mich wieder gesehen hast, dass ich sitzen kann und die ganze Zeit lache. Du sehntest Dich nach Le Raincy zurück aber Lotte rate Dir davon ab, weil sie meine, es würde Dich überanstrengen. Außerdem wärst Du nicht imstande, Dich zu bücken, oder schwere Lasten zu tragen. Du gibst an, dass Dein neues Leben und *Rémys* neue Arbeit Dich etwas desorientiert haben, dass Du gerne mit Deiner neuen Singer-Nähmaschine „geschneidert" hättest.

Ansonsten sei Rémy *„optimistisch und aktiv"*. Am 6. Mai ist Dein Gips gerade seitlich aufgeschnitten worden, sodass Du ihn zeitweise ausziehen kannst, zum Beispiel zum Schlafen. Am 12. berichtest Du, dass Du die Wochenenden in Le Raincy verbringst, wo unsere Wohnung wieder instandgesetzt und vergrößert worden sei, nachdem *„der Jüngling"*, der im ersten Stock mitwohnte, weg sei. *Catia* wundert sich: *„Mama, Du hast eine Mauer an!"*

Ich ebenfalls anwesend, manchmal. Während der Woche wohnst Du weiterhin *Rue Rollin*, um auf Lottes Auftrag hin ein alt-ägyptisches Schiffsmodell nachzubauen, dessen Vorbild im Louvre-Museum steht, und das aus einem Grab des Mittleren Reiches stammt, wie ich es jetzt weiß.

Kein Brief vom 21. Mai bis zum 11. Juni 1952: Deine *Mutti* ist ja mit uns. Einige Fotos sind uns von diesem Besuch geblieben. Mit mir, fast kahlem, großköpfigem Säugling in Deinen Armen oder denen von Annette, die gerade mein Onkel David geheiratet hat. Und mit *Catia*, nun ein hübsches kleines Mädchen von bald drei Jahren.

Währenddessen hat Dein Bruder geschrieben. Für den Sommer plant er eine große Tour durch Frankreich und Italien mit Freunden, zu viert im gemieteten Volkswagen-„Käfer". Sie möchten bei uns im Garten zelten. Das wird stattfinden, denn auch davon gibt es Fotos: zwei Zelte im Garten von Le Raincy, Dein *Vati* und *Jacki* mit drei anderen jungen Männern.

In Deinem Brief vom Mittwoch, dem 2. Juli 1952, außer dass Dir das Radfahren für ein Jahr verboten bleibt, kommt das zweite Unglück in der Strähne. Getarnt schreibst Du von einem *„Bauchgrimmen"*, dem zwölf Tage vorher mit Hilfe eines Arztes beigekommen worden sei. Weiter schreibst Du, dass Du fünfunddreißig tausend Franken hast zahlen müssen und dass, obwohl Frankreich ein katholisches Land sei, Geld alles möglich mache.

Was soll man daraus schließen, außer dass Du wieder einmal schwanger geworden bist, Dich nicht stark genug gefühlt hast, ein drittes Kind aufzuziehen (also missglückt Euer Plan von 1948), und dass an Dir – wahrscheinlich mit *Anioutas* Beihilfe – eine heimliche Abtreibung durchgeführt wurde? Du sagst, dass alles gutgegangen sei, dass Du Dich wieder wohl fühlest, aber was kann man von den körperlichen und besonders seelischen Folgen dieses Erlebnisses denken?

Es ist schon etwas, wenn man das Zur-Welt-Kommen eines Kindes verhindert, und es ist doppelt belastend, weil Du Dich ja nicht auf der Höhe fühlst. Als Trost sagst Du nur, es sei *„besser als eine neue Fenstergeschichte"*. Also ein Hinweis mehr auf eine Beziehung zwischen diesem Gefühl, dass Du „nicht mehr kannst", und dem „Unfall" vom Februar. Ein Psychoanalytiker könnte sich vielleicht eine symbolische Assoziierung ausdenken, zwischen „ich fühle mich nicht auf der Höhe" und „ich werfe mich in die Tiefe". Nun, vielleicht geh ich zu weit...

Rückkehr zum normalen Leben

Der Juli 1952 scheint eine glückliche Zeit zu sein. Es ist heiß, Du ruhst Dich oft mit *Catia* im Garten aus und manchmal bin auch ich dabei, obwohl immer noch „in Pension", während unser Familienvater bei der Arbeit ist. Ich sei „*immer schöner*" und meine unteren Zähne kommen durch.

Du betonst Deine gute Laune „*ohne Depression*", und beteuerst Deine Ehrlichkeit. Man fühlt Deine Eltern sehr besorgt, und Du machst Dir wiederum Sorgen um ihre Besorgnis.

Am 21. Juli kommen Deine *Mutti* und *Vati* uns in Le Raincy mit ihrem nagelneuen Volkswagen besuchen. *Catia* war ungeduldig: „*Wann ist nächste Woche?*". Anfang August verbringt Ihr, *Rémy* und Du, fast vierzehn Tage in einem Hotel in Granville, am Ärmelkanal; Eure Hochzeitsreise, könnte man fast sagen. Das wird Eure einzige Ferienreise zu zweit sein. Dann verbringen wir alle zusammen eine Woche in Le Raincy und Deine Eltern fahren ab, in Richtung Schweiz.

Endlich! Ein Sommerende ohne Umziehen, schreibst Du am Donnerstag, dem 4. September. Wie angenehm! Wenn *Jacki* die Feiertage mit uns verbringen wolle, dann finde er uns viel besser eingerichtet, mit Gas beheizt.

Ich bin nicht mehr bei der Pflegemutter, vorläufig. Du beschreibst mich als „*eine zärtliche Fleischknolle mit sehenden Augen und Riesen-Appetit*". Heute tut es mir gut, Deine Zärtlichkeit von gestern mir gegenüber zu fühlen. Ich krabble auf allen Vieren und halte mich am Bücherbord aufrecht. Ich trinke noch aus der Flasche. *Catia* hat mich in ihr Leben einbezogen.

Kein weiterer Brief vor Freitag, dem 3. Oktober. Du lobst noch einmal Deine Wohnung, findest sie voll Luxus. *Catia* ist drei Jahre alt geworden. Ich sei ein „*schwerer Junge*", habe sieben Zähne, davon drei oben, und mir läuft der Speichel „in Strömen". „*Seine fröhliche und friedliche Natur lässt ihn trotz Schmerz-Anfällen immer wieder lachen*", sagst Du von mir. Ein positives Urteil. Sagen kann ich schon „papa", „mama", „*tsatsa*" (zu *Catia*) und „*tatze*" (zu „Katze").

Was bei mir drei Bemerkungen hervorruft: erstens bin ich mit kaum elf Monaten kein Spätsprecher, zweitens scheinen Katzen früh eine Rolle in meinem Leben gespielt zu haben, mit Familienmitgliedern gleichgestellt, und drittens bin ich schon zweisprachig, denn von Anfang an redest Du Deutsch mit mir.

Dein Traum einer Haushaltshilfe ist jetzt wahr geworden. Eine gewisse Annie kommt jeden Vormittag und isst zu Mittag mit uns. Für Dein Wohlbefinden ist es grundlegend. Am 22. Oktober sagst Du, Du nehmest Calcium ein, wegen zahlreicher „*Zahn-Löchern*".

Wieder einmal bin ich Star. Ich habe „*das Herz (meines) Vaters im Sturm erobert*", weil ich strahlend „Papa!" rufe wenn er nach Hause kommt. Dies ist ein Wort, mit dem ich viel später weit größere Schwierigkeiten haben werde. Ich sage auch „*hasser*" wenn ich den Wasserboiler meine, und ich nenne mich selbst „*hicha*". Ich sei „*groß (?!) und dick*", „*sehr gewandt*", „*sehr anhänglich*". *Catia* sei etwas komplizierter aber sanft und man könne gut mit ihr umgehen. Am

6. November, gerade einjährig, mache ich große Anstrengungen, um zu sprechen und zu laufen. Ich sage *„büffel"* für „Apfel". Ich halte mich aufrecht, indem ich mich an Deinen Kleidern festhalte und ich sage *„Allez, allez! marcher!"* (Los, los! Laufen!). Mein erster „Satz", vielleicht?

Du hast den Knochenarzt gesehen. Deine Genesung sei vollkommen, das Radfahrverbot aufgehoben. Du seist *„dick gewesen"* wegen eines *„Drüsenproblems"* aber mit Tabletten sei das Problem gelöst. Hormonproblem? Leider keine Reinmachefrau mehr. Schwanger und verlassen schämt sie sich und traut sich nicht mehr, zu kommen. Du bemühst Dich darum, eine Nachfolgerin für sie zu finden.

Catia geht versuchsweise in den öffentlichen Kindergarten. Wenn es ihr nicht gefällt, dann bringst Du sie zu *Maman Hélène* zurück.

Rémy hat die Leitung der örtlichen Organisation Livry-Gargan der Friedensbewegung übernommen, was ihn drei Abende in der Woche beschäftigt, während Du Deinerseits eine wöchentliche Deutsch-Stunde gibst.

Am Dienstag, dem 18. November 1952 berichtest Du, dass wir fröhlich leben, und dass aus mir *„ein kleiner Witzbold"* wird (da erkenne ich mich wieder). *Catia* habe mich mit den Spitznamen *„Rikiki"* bzw. *„Picasso"* versehen.

Unser Familienvater bereitet den Wiener Friedenskongress vor, und das nimmt einen Großteil seiner Freizeit in Anspruch. Du sagst, dass Du nicht allzu schlecht wegkommst, *„mit Höhen und Tiefen* (Deiner) *Nerven"*. Anspielung an Deine „Bipolarität".

Am Mittwoch, dem 10. Dezember, dreizehn Monate alt,

habe ich drei Schritte geschafft, ohne mich festzuhalten, und ich bin sehr stolz darüber. Ich laufe überall mit dem Besen herum und richte allerhand Unheil an. Ich rufe „nee, nee", wenn es schneit. Eine Plüschkatze habe ich als Geburtstagsgeschenk bekommen, meine Schwester beneidet mich darum. Ich hatte einen Schnupfen mit einem Tag Fieber (der erste einer langen Serie).

Endlich! Du hast eine neue Haushaltshilfe, *Madame Daix*. Am 18. Dezember1952 berichtest Du, dass ich Schokolade geknabbert habe (Bemerkung siehe Schnupfen mit Kurzfieber). Ich habe sechs Schritte gemacht, ohne mich festzuhalten (Hurra!).

Dein Bruder *Jacki* hat die Feiertage bei uns verbracht. Alles gut gegangen, ausgezeichnete Stimmung. Ich: „*aki, aki*" und zum Teddybären: „*bä, bä*". Das ganze Leben werde ich meinem mütterlichen Onkel sehr verbunden sein. Er wird wie ein zweiter Vater für mich, und ich wie der Sohn, den er als Alleinstehender nie gehabt hat. Heute noch gebrauche ich täglich seine Lieblingsausdrücke.

Katastrophe am Donnerstag, dem 29. Januar 1953: keine Haushaltshilfe mehr. *Madame Daix*, die eine Befähigung zur Krankenschwester besitzt, ist zum Arbeiten im Krankenhaus requiriert worden, denn es herrscht ein schlimmer Personalmangel, wegen Grippe. Eine Nachfolgerin wird sie nicht haben, Du wirst Dich fortan selbst mit den gesamten Haushalts-Anstrengungen abfinden müssen.

Rémy wird Werkstatt-Chef, anstatt sich zu den Kunden zum Reparieren zu begeben, als Vertretung für seinen zur Armee berufenen Vorgesetzten. Er wird keine Trinkgelder mehr erhalten, dafür aber ein besseres Gehalt und noch regelmäßigere Arbeitszeiten.

Dein Arzt verschreibt Dir gründliche biologische Untersuchungen, besonders von der Schilddrüse. Er möchte für Deine Depressionen eine Ursache finden. Du sagst, diesmal sei der Winter ohne Depressionen vergangen, aber es wäre besser, der Nächsten vorzubeugen. (Dein Wort in Gottes Ohr!)

Das Wetter ist mild. Du machst Pläne für die Sommerferien. Auch Du möchtest ein Fahrrad mit Motor haben, sonst fühlst Du Dich in Le Raincy *„wie im Käfig"*. Du möchtest am Marne-Ufer spazieren gehen. Deine Eltern haben sich für Ostern angemeldet. Du bist besorgt. Sie schlafen jetzt in getrennten Zimmern, wo bringst Du sie nur unter? Einen bei uns, den anderen im Hotel? Wie wird der Besuch sein, die Stimmung?

Ich renne im Garten herum, sage *„Bonsoir, Papa"* (Guten Abend, Papa). Mein achter Zahn macht Schwierigkeiten, die nächsten ebenfalls. (Ich weiß warum: Ich habe Deinen kleinen Mund und Papas große Zähne geerbt; jetzt überschneiden sie sich und die Weisheitszähne haben gar nicht herauskommen können.)

Du hast *„keine Lust"* (nicht die Kraft?) eine neue Reinmachefrau zu suchen. Die Kinder wirst Du wieder an die Pflegemutter abgeben, auch nachts, wenn es sein muss. Am Mittwoch, dem 18. Februar, fragst Du *Mutti*, die gerade eine Erholungskur durchgemacht hat, ob die Aussicht, uns zu Ostern in Le Raincy zu besuchen, sie nicht zu sehr beängstigt.

Auch Du machst eine Art Erholungskur. Uns Kinder hast

Du bei *Madame Hélène* für acht Tage untergebracht, „bevor Du nicht mehr kannst", wobei Dich *Catia* täglich besuchen kommt. Deine Aussichten gibst Du bekannt: wieder eine Haushaltshilfe nehmen, ein Motor-Zweirad besorgen, sobald es wärmer wird. Du bedankst Dich bei Deinen Eltern für dessen versprochene Finanzierung.

Du sagst, ich werde meine Großeltern überraschen, während sich *Catia* wenig verändert hat. Ich bin nun ein „*schwerer Siegfried*", der den 8. Zahn immer noch nicht bekommen hat. Nachts wache ich auf und rufe alle Leute, dessen Namen ich kenne. Ich weiß erst wenig deutsche Wörter, aber sie sind gut „verankert" und ich kann – schon – übersetzen: „Der Besen, *le balai*".

Ende

Deine beiden letzten Briefe sind vom Montag, dem 16. März 1953. Der eine an Deine *Mutti*; der andere an Deinen *Vati*, in Parlamentssitzung in Bonn, mit gleichem Inhalt, aber zusammengefasst. Deine Schlafkur dauert länger als Du dachtest. Deshalb hast Du uns bei der Pflegemutter gelassen. Es geht uns gut. Durch Verwendung unseres Zimmers werden Deine Eltern in zwei getrennten Räumen schlafen können, ohne dass ein Hotelzimmer nötig ist. Du planst Umbauarbeiten im Haus, da die Bewohner der 2. Etage unser Badezimmer nicht mehr brauchen. Du bedauerst, Deinen Verwandten in Deutschland nicht öfter schreiben zu können, aber Du denkst oft an sie.

So, das ist alles. Dann habe ich nichts mehr von Dir, ich muss das Ende Deiner Geschichte mit Hilfe der Elemente rekonstruieren, die ich besitze. Die Unterlagen umfassen Deine Todesurkunde und einige Briefe.

Erstere ist knapp: am (Montag, dem) 23. März 1953 (neunundzwanzig Jahre alt) bist Du um 14 Uhr 30 in Montfermeil, *Rue du Général-Leclerc* 10 (Anschrift des Krankenhauses) verstorben, erstellt um sechzehn Uhr am selben Tag nach Aussage von Marcel Girard, Angestellter (des Krankenhauses?), wohnhaft in Montfermeil, *Avenue des Myosotis* 128, von Adolphe Argence, Bürgermeister von Montfermeil.

Ich besitze einen Brief von Lotte an Deine Eltern vom 10. April mit der Bestätigung, dass es den Kindern gut gehe, und dass *Catia* gesagt habe: „*Mama ist sehr krank. Sonntag hat sie die ganze Zeit geschlafen, ohne mit mir zu spielen.*"

Lotte habe *Rémy* zwei Tage in die Normandie mitgenommen, um ihn etwas abzulenken. Keine einzige Einzelheit zu Deinem Tod.

Mutti hat Zeitungsausschnitte gesammelt, die von „Selbstmord" handeln, wie man es damals nannte. Einen Brief hat sie vom Nervenarzt erhalten, dessen Patientin Du 1941 in Berlin gewesen warst, welcher daran erinnert, dass man bei einer „manisch depressiven" Krankheit wie Deiner nichts machen kann. Bei diesem Patienten-Typ sei eine Kurzschluss-Handlung immer möglich. Deine Eltern sollten sich trösten, niemand solle sich schuldig fühlen (leicht gesagt!).

Weitere Quelle: meine eigenen mehr oder weniger klaren Erinnerungen an die mehr oder weniger präzisen Antworten unserer verschiedenen Verwandten bzw. Erzieher (*Rémy* in erster Linie) zu meinen und *Catias* Fragen.

Hier sind die Elemente, die ich da herausziehen kann. Am Sonntag, dem 22. März 1953 hast Du eine übergroße Menge an Medikamenten eingenommen, die zu Deiner Schlafkur dienten. *Rémy* ist am Ende des Tages nach Hause gekommen und hat dich leblos aufgefunden. Du hast keinen Brief hinterlassen, sodass man unmöglich wissen kann, ob Du Deinem Leben ein Ende setzen, oder nur sicher sein wolltest, einmal ordentlich auszuschlafen. Darüber hat sich mein Vater immer geweigert, Stellung zu nehmen. Für andere Personen bestehen keine Zweifel, dass es ein Suizid war.

Ich habe mich bemüht, Näheres zu erfahren. Den Krankenhausdirektor in Montfermeil habe ich angeschrieben, um Zugriff auf Deine Patientenakte zu erhalten. Antwort: keine Spur von einer Akte im Archiv, weil Du keine regelmäßige

Krankenhauspatientin warst, weder in ein Zimmer eingewiesen, noch operiert wurdest. Schade. Wenn ich hätte erfahren können, welche Dosis von welcher Substanz Dich ums Leben gebracht hat, ob Du vor Deinem Ableben noch einmal zu Bewusstsein gekommen bist, dann hätte ich vielleicht eine Erklärung.

Und was die Ursachen betrifft, zuzüglich zu all dem bereits ausgeführten, hat mir *Mutti* eines Tages mitgeteilt, dass *Rémy* ihrer Meinung nach in der letzten Zeit nicht genug an Deiner Seite gestanden habe. Er habe sich oft in der *Rue Rollin* aufgehalten. Hat er vielleicht die Ernsthaftigkeit Deines Zustands unterschätzt, und daher nicht alles zu Deiner Unterstützung getan, was er hätte sollen? Übrigens wolltest Du ihn ja schonen.

Also dann, Unglück oder Suizid? Und warum? Diese Fragen haben mein ganzes Leben in mir gebohrt. Jetzt weiß ich, dass ich die Suche als zwecklos aufgeben muss, mit ihr jede Hoffnung auf Gewissheit. So ist es, und so wird es immer sein.

Deshalb musste ich schreiben. Um das abzulegen, und eine gewisse Ruhe zu finden. Etwa wie man einen Konflikt mit einer Person niederlegen kann, indem man ihr schreibt, auch wenn man den Brief nicht absendet. Auf ähnlicher Weise habe ich auch immer ein dumpfes, tiefes Schuldgefühl empfunden, „Dich umgebracht" zu haben, aber auch Dich anzuklagen, „mich verlassen" zu haben. Diese Empfindungen muss ich zu beruhigen suchen.

Nachwort

Die weitere Geschichte spielt sich ohne Dich ab, *Maman Grète*. Ich will sie kurz fassen, weil ich schließlich nicht hier bin, um mein Leben zu erzählen. Doch? Na gut, aber dann nicht zu viel, nicht mit so vielen Einzelheiten wie Deins; man soll ja nicht übertreiben. Auch will ich noch lebende Personen so wenig einbeziehen, wie möglich. Also, wo waren wir stehengeblieben? Da wo Du für mich noch *Mama* warst. Dann war ich wohl ständig unter der Obhut von *Madame Hélène*, während *Catia* den Kindergarten weiterhin besuchte.

Der geplante Osterbesuch ist in aller Eile vorverlegt worden, Deine Eltern wohnten Bei Lotte in der *Rue Rollin*, wie im Brief des besagten Nervenarztes erwähnt. Es hat keine Fotos davon gegeben. Eine Bilderreihe habe ich nur vom September mit meinen Großeltern, meiner Schwester und mir in Le Raincy. Jedes Elternteil von Dir ist auf jeweils einer Aufnahme an deinem Grab zu sehen, im neuen Friedhof Montfermeil.

Es trägt ein provisorisches Holzschild mit der Aufschrift „GRETE STERMANN 1923 – 1953". Ein späteres Bild zeigt den endgültigen Zustand: eine Zementumrahmung mit Kieselstein-Füllung und ein Zementrücken mit eingemeißelter Schrift wie oben.

Mein Vater pflegte keinen Friedhof-Kult, vielleicht weil seine Eltern in Auschwitz vergast und verbrannt worden waren, und seine Vorfahren weit entfernt in Polen begraben, deren Gräber womöglich nicht mehr auffindbar. Auch hat er als KZ-Zwangsarbeiter jüdische Grabsteine zerstören müssen.

Vor einigen Jahren habe ich versucht, Dein Grab zu finden. Im Rathaus zu Montfermeil hat man mir Deine Grab-Akte übergeben, eine fünfzehnjährige Konzession, ein Brief mit einem Verlängerungsvorschlag, der zurückgekommen ist, ohne seinen Empfänger erreicht zu haben. Damals waren wir schon zweimal umgezogen. Dein Grab wurde von der Gemeinde aufgegeben und abgerissen, Deine Überreste in eine Gemeinschaftsgrube versetzt. Du bist tot, begraben, verlassen und vergessen.

Aus Deinem *Vati* wurde mein *Opa*. Die Bezeichnung war nach dem Ableben von *Opa Adam*[15] 1929 freigeworden. Dagegen ist Deine *Mutti* auch meine *Mutti* geworden, ebenso wie Deine *Oma* auch meine war. Als Erwachsener hat sie mir erzählt, dass sie damals zu mir gesagt habe: „Du hast keine *Mama* mehr. Jetzt bin ich Deine *Mutti*". Um *Rémy* zu entlasten, haben mich meine Großeltern in Hamburg zeitweise aufgenommen, nämlich allein von Januar bis April

---

[15] Der Name des Automodells „Opel Adam" kommt mir immer irgendwie bekannt vor.

1954 sowie von November 1954 bis April 1955.

Micha *in Hamburg, Anfang 1955*

Anschließend kam *Catia* zu den Osterferien hinzu. Kaum drei Jahre bin ich damals alt gewesen, aber einige Bilder von der Heymannstraße und von Hamburg im Allgemeinen sind mir im Kopf geblieben. Die durch den Wohnungstür-Schlitz auf den Flurboden geworfene Post, die Hochbahnbrücke am Straßenende, die Müllabfuhr ohne große Öffnung am Heck wie in Frankreich, sondern mit einer Hebevorrichtung für die Eimer, ein zugefrorener Kanal mit schlittschuhlaufenden Jünglingen, ein Überweg über Eisenbahngleise mit einer mich plötzlich einwickelnden Dampfwolke, von ihrem feuchten Kohlengeruch begleitet, Notwohnungen in halben militärischen Blechzylindern – die sogenannten „Nissenhütten" –, unruhiges Hafenwasser mit einem Raddampfer, auf dem wir zahlreiche, dicht zusammengepferchte Fahrgäste sind, der schmerzhafte Stich einer Impfung in einer Arztpraxis (gegen TBC, wie mir später erzählt wurde).

Nach Kiel fahren wir ebenfalls. Mir bleibt, als ein sehr frühes und verschwommenes Bild, die Straße bis zu *Omas* Garten in Begleitung von *Onkel Hans* überquert zu haben, meine einzige Kieler Erinnerung aus jener Zeit.

Ein seltsamer Generations-Rutsch findet statt; *Catia* und ich nehmen gewissermaßen Deinen Platz ein. Übrigens entfällt auf uns ehemaliges Spielzeug von *Jacki* und Dir. Bei *Opa* und *Mutti* muss, wenn keine Verwechselung, zumindest ein Gefühl des schon einmal Dagewesenen eingetreten sein. Die ältere Schwester und der jüngere Bruder wiederholen den Zustand Eurer Familie in der Zeit etwa 1929-1930.

Oma und *Mutti* sind die einzigen unter meinen vier Urgroßmüttern und meinen beiden Großmüttern, die ich gekannt habe. Kein Wunder, dass ich mich viel mehr zu meinem mütterlichen, dem deutschen Familienzweig hingezogen fühle, als zum väterlich-polnischen.

Catia *und* Micha *in Kochem, Mai 1955*

Nach Ostern 1955 bringen uns unsere Großeltern mit dem Auto nach Hause zurück, über Bonn und das Mosel-Ufer, wie die Fotos bezeugen.

Wie bei jeder Reise von einem Land zum anderen muss ich die französische Sprache neu erlernen, während ich die Deutsche allmählich verlerne. Diese Anpassungs-Phase wird jedes Mal kürzer werden, bis ich schließlich beide Sprachen und den Übergang von einer zur anderen beherrsche.

Umsturz in unserem Leben: *Rémy* hat eine neue Lebensgefährtin gefunden und ist näher zu seinem Arbeitsplatz umgezogen. Nicht nach Le Raincy fahren wir zurück, sondern in den 11. Pariser Bezirk, *Rue de Charonne* 57, in eine kleine Dachwohnung im sechsten Stock, wo uns *Rémy* und … Magali, seine angehende zweite Ehefrau, erwarten. Diese wurde 1929 in der Provence geboren und ist durch Lotte in

Verbindung gekommen. Nach Dir, Hélène und *Mutti* ist sie meine vierte Mutter, diejenige, die sich am längsten um mich kümmern wird.

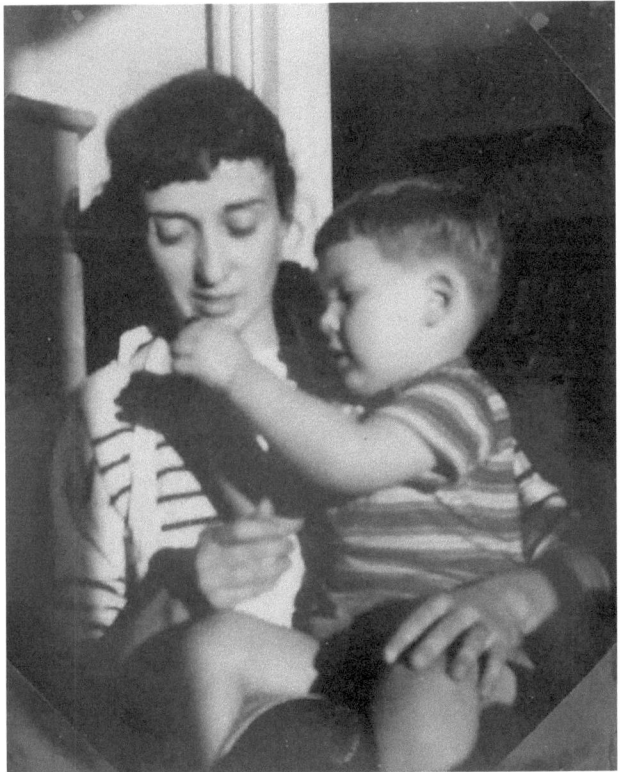

Magali und Micha, *Mai 1955*

Im darauf folgenden Sommer, unter Ausnützung einer Entschädigung für die durch das Hitler-Regime verlorenen Möbel, Bücher, Einkünfte usw. (vom Hamburger Staatsarchiv habe ich eine Kopie der hundertfünfundzwanzig Blatt starken Entschädigungsakte erhalten), haben Deine Eltern in Mönkeberg, im Kreis Plön, am Ostufer des Kieler Förde, also dicht bei Eurer Heimatstadt, ein Grundstück gekauft, um darauf ein Eigenheim bauen zu lassen.

Das Haus in Mönkeberg 1956

Vom nächsten Jahr an wird es die Stätte praktisch aller meiner Ferien werden, teils mit *Catia*, teils mit Gilles, meinem Halbbruder, sonst allein, bis zum Ende meines Studiums.

Catia *und* Micha *in Mönkeberg 1956*

Im Jahre 2006, nach *Jackis* Tod, bin ich sein Alleinerbe, muss jedoch tränenden Auges die Immobile verkaufen, mangels finanzieller Mittel für die Unterhaltung, aufgrund einer finsteren Geld-Veruntreuungs-Geschichte durch eine Haushaltshilfe. Das liebe Haus, schlecht instand gehalten, aus welchem ich einige Archivschätze retten konnte, ist abgerissen und von zwei Neuen ersetzt worden. Nie wird es von einer fremden Familie bewohnt worden sein.

Catia wird ein kurzes und betrübtes Leben haben. Durch Deinen Verlust, und dessen Folgen, stark verstört wird sie Magali in der Tiefe ihres Herzens nie annehmen, und sie ist auf *Rémy* wegen seines Verhaltens böse gewesen. Sie hat eine Aufstands-Haltung angenommen, sich im achten Schuljahr von der Mittelschule ausweisen lassen um ihren Plan zu verwirklichen, Schauspielerin zu werden.

Zahlreiche stürmische, dramatische Szenen fanden diesbezüglich statt, in denen sie die Wut bekam und unser Vater sie „verrückt wie Deine Mutter" nannte. Hörst Du, *Maman Grète*, was man Deiner Erinnerung anzutun gewagt hat? Über Deine Tochter bist Du verrückt geschimpft worden, mit einem angeblich geerbten Leiden, das alle Frauen seit Generationen und Generationen behaftet haben soll. Während *Mutti* ihrerseits an eine von der väterlichen Seite geerbte Krankheit glaubte.

Ewiges Problem des Angeborenen oder Angeeigneten. Ich neige eher zum Gedanken, dass auf einem eventuell begünstigenden Boden der Einfluss des Erlebten grundliegend ist. Wenn eine Übertragung stattfindet, dann eher wie bei der Wäsche, wo Farbstoff von einem Kleidungsstück auf die anderen abfärben kann. Im Fall meiner Schwester glaube ich keineswegs, dass die Umwandlung eines fröhlichen, freundlichen, gutmütigen kleinen Mädchens in eine Wildkatze (was sie zum Glück nicht jeden Tag war) das reine Werk von DNA-Kombinationen sein kann.

Wenn ich meinerseits dem Schlimmsten entkommen bin, wenn ich habe heiraten, einen Sohn bekommen, eine berufliche Laufbahn bis zur Rente durchführen können, dann wohl, weil das Schlimmste mir über den Kopf hinweg gesaust ist. Freilich habe ich eine gute Natur, sicher habe ich mich in die Rolle des „netten Jungen" versetzt, um keinen Ärger zu bekommen, aber am wichtigsten ist, dass ich zu wenig Zeit gehabt habe, mit Dir, *Maman Grète*, eine ausreichend starke, enge und vertrauensvolle Verbindung aufzubauen, um so stark wie *Catia* nach dem Übergang unter die Vormundschaft von *Maman Magali* zu leiden.

Catia wird also ihr Ziel erreichen, indem sie sehr jung eine Schauspielerin-Laufbahn einschlägt, parallel dazu Lieder komponiert und singt.

Jedoch geht es ihr seelisch von Jahr zu Jahr schlechter. Ihre inneren bösen Geister werden sie schließlich dazu treiben, sich beruflich allseitig zu verkrachen. Nach einem ersten Versuch wird sie sich mit fünfunddreißig Jahren am 11. April 1985 das Leben nehmen, mittels eines Cocktails von Schlaftabletten und Alkohol.

Dich betreffend teilten wir dieselben Fragestellungen.

Wollte sie etwa, indem sie sich mit einem ähnlichen Mittel zu Dir gesellt hat, mit den Ungewissheiten endgültig Schluss machen?

    Wie dem auch sei, hat sie es geschafft, mir den heftigsten Kummer meines bisherigen Lebens zu bereiten. Nie war ich derart zusammengebrochen wie in den Tagen danach. Hatten wir doch zusammen schöne und lange Momente der Verständigung erlebt. Damit sich ihre Erinnerung nicht verliere, habe ich je einen Artikel in der On-Line-Enzyklopädie Wikipedia auf Französisch, Deutsch und Englisch verfasst.

Wortspiele

An dieser Stelle befindet sich in der französischen Urfassung ein ausgedehnteres Zwischenkapitel über das Thema Wortspiele. Da sich die meisten von ihnen jedoch nicht ins Deutsche übersetzen lassen, werde ich hier nur einen Auszug daraus wiedergeben.

Ich staunte in meinem Original darüber, dass ich mit dem Schreiben so weit vorangekommen war, ohne dass sich ein Kalauer oder sonstiges Wortspiel eingeschlichen hatte, was bei genauem Hinsehen allerdings nicht wirklich stimmt.

Natürlich hängt es mit dem Düsteren und Lastenden meines Berichtes zusammen. Jedoch, um eine Pause – im Sinne der Schule – zu machen, habe ich Lust, diese lustigere Seite des Lebens anzuschneiden.

Mir scheint, ich bin in einer Familie geboren, wo allseitig das Spielen mit den Wörtern gang und gäbe war. Dies ist wohl ein Zeichen einer gewissen geistigen Lebhaftigkeit, die die Sprache nicht nur im ersten Grad behandelt. Ich werde nicht so pedantisch sein, Siegmund Freud nachahmen zu wollen, der in seinem Opus *Der Witz* eine wissenschaftliche Theorie über das Thema erörtert. Ich werde lediglich einige Beispiele nennen, die süffigsten, die mir gerade einfallen.

Nichtsdestotrotz möchte ich bemerken, dass es meines Erachtens drei Gebiete gibt, auf denen Wortspiele erlaubt, ja erwartet werden: ... Psychoanalyse, Poesie und Werbung.

Um etwas zurückzublicken: ich habe durch *Jacki* erfahren, dass *Oma* ihren Schwager Wilhelm Grotkopp, dem Ehemann meiner Großtante *Emmi*, mit einem Spitznamen versehen hatte. Um unter mehreren Willis in der Familie zu unterscheiden, nannte sie ihn „*Onkel Willi mit der Brilli*". Klingt das nicht wie der Beginn einer skurrilen Dichtung *à la* Wilhelm Busch?

Einer der Lieblingswitze meines *Opas* war: „*Was ist der Unterschied zwischen einem Wanderer und einer Bürste? – Der Wanderer nimmt Abschied, die Bürste nimmt Schied ab.*"

Selbst *Rémy*, meinem Vater, war ein höchst erfolgreiches deutsches Wortspiel eingefallen. Das war jedesmal, wenn er deutschsprachige Gäste zu einem mit Speisen üppig beladenen Tisch bitten wollte. Statt „*Bitte nehmen Sie Platz*" sagte er dann: „*Bitte platzen Sie*". Der enorme Lacherfolg blieb nicht aus.

Meine eigenen Wortspiele sind ohne Zahl jedoch hauptsächlich auf Französisch. Einige deutsche habe ich auch begangen, aber besonders gute fallen mit nicht gerade ein. Darum werde ich dieses Kapitel, und damit den ersten Hauptteil dieses Buches, hier schließen.

TEIL II
PORTRAITS MÜTTERLICHERSEITS

Jacki

Von Deinem jüngeren Bruder habe ich schon viel gesprochen, *Maman Grète*. Ich werde zusehen, dass ich mich beim Zeichnen seines Porträts nicht allzu sehr wiederhole.

Zur Welt gekommen ist er in Kiel am Donnerstag, dem 12. März 1925, als Jack Meitmann, wie Du ohne zweiten Vornamen. Wie Deiner hat sein – angelsächsisch klingender – Name eine ziemlich zweideutige Geschichte, die ihn genauso schwer zu tragen macht. Euer Vater spielte nämlich in seiner Kindheit innerhalb einer Kinderbande Cowboys und Indianer. Wegen seiner breiten Hände war er mit dem Spitznamen Jack die Bärenklaue versehen worden. Lebenslänglich werden ihn seine Freunde, besonders die Politischen, weiterhin *Jack* nennen.

Für meinen Onkel wird es schwierig sein, als „der Sohn von..." zu leben, und dazu noch den Namen zu tragen, mit dem fast alle seinen Vater nennen. Im Familien- und engen Freundekreis wird sein Kosename *Jacki* die Unterscheidung zwar ermöglichen, jedoch werden zahlreiche Verwechslungen stattfinden. Mir scheint, er wird sich während seines ganzen Lebens bemühen, selbst „jemand" zu sein.

Seine Anfänge im Leben laufen parallel zu Deinen, also siehe oben, im Teil I. Kommt die Zeit des Arbeitspflichtdienstes, so wird er Schmied auf der Hamburger Howaldt-Werft; nur Euer Vater hat in der Hansestadt Aufenthaltsverbot. *Jackis* Wahlbeschäftigung erinnert an den erlernten Beruf von Hermann Adam, Eurem Großvater mütterlicherseits.

In Vorbereitung seiner Einberufung zum Militär versucht er, sich für die Marine-Flak anzumelden, um der Infanterie und der Ostfront zu entkommen. Das wird jedoch nicht erforderlich sein. Er wird nämlich unter einer schweren Lungenentzündung leiden, die es ihm ermöglichen wird, dem Kriegsdienst zu entkommen, und Dich zeitweise in Jena zu besuchen.

Nach Kriegsende studiert er Volkswirtschaft an der Hamburger Universität. Er träumt davon, sein Studium im Ausland zu vervollkommnen, womöglich in den Vereinigten Staaten. Aus mir nicht bekannten Gründen wird daraus jedoch nichts.

Im Juli 1949, mit dem Diplom in der Tasche, gefördert von Eurem *Vati*, der dem Aufsichtsrat angehört, fängt er bei der GEG an. Das ist die Einkaufszentrale der Konsumgenossenschaft, die der SPD sehr nahe steht. Somit lehnt er sich an die Tätigkeit Eurer beiden Großväter an, die Gründer in Kiel der Konsumgenossenschaft beziehungsweise der Vereinsbäckerei Gaarden waren. Auf Dauer hängt ihm jedoch der von den anfänglichen humanistischen Idealen der Genossenschaft weit entfernte, im Verwaltungshaus herrschende Geist zum Halse heraus, sowie die Tatsache, dass er als der Sohn seines Vaters angesehen wird.

Im Aufstand gegen die bürgerliche Gesellschaft begibt er sich in die Arbeiterwelt, ohne die Erinnerung an Eure Großväter zu missachten. Im Mai oder Juni 1952 nimmt er nämlich eine Stellung als Schweißer auf der Hamburger Werft Blohm und Voss an. Die Handelsflotten sind in vollem Wiederaufbau. Er nimmt am Bau einiger Großschiffe teil, worunter sich der weltgrößte Öltanker seiner Zeit, die saudiarabische *Al-Malik-Saud-Al-Awal* befindet, ein recht ungewöhnlicher Schiffsname, an den er sich stets gerne erinnerte.

Nach dem Ende Deiner Briefe, *Maman Grète*, habe ich keine genauen zeitlichen Anhaltspunkte mehr. Ich weiß also nicht, nach welchem Zeitraum *Jacki* schließlich an der Gründung einer linksradikalen Gewerkschaftsabteilung, dann an einen großen Streik teilnimmt und wegen Aufruf der Arbeiter zum Aufstand entlassen wird.

1958, Jacki, Micha *und* Catia *im Milch-LKW*

Seine Lust zum Autofahren anwendend, wird er dann

Lieferwagenfahrer und beliefert die Verkaufsstände in den Stationen der Hochbahn, später LKW-Fahrer für die Lübecker Hansa-Meierei, Busfahrer bei der Firma Haase für den Pendelverkehr von in Lübeck wohnenden Arbeitern der Hamburger Schlieker-Werft, Linienbusfahrer zwischen Lübeck und der Ortschaft Timmendorfer Strand bei der Ostsee-Omnibus-Gesellschaft und selbstständiger Taxifahrer in derselben Stadt.

Nach dem Ableben Eures *Vatis* in 1971, lebt er bei *Mutti* in Mönkeberg und erhält eine berufliche Umschulung als CoBOL-Programmierer. Seine letzte Stellung bis zur Rente erhält er in der EDV-Abteilung des großen Hamburger Autohändlers Opel-Dello. Täglich pendelt er von Mönkeberg dorthin, sehr früh aufstehend. Eigenartiger Werdegang für einen Diplom-Volkswirt.

Nebenbei interessiert er sich leidenschaftlich für das Thema Wahlrecht und Wahlreform. Er entwickelt ein System mit Nummerierung der Kandidaten beziehungsweise der Listen durch den Wähler nach Vorzugsordnung. Es ist eine Verbesserung der australischen Methode, die auf alle Fälle eine absolute Mehrheit gewährleisten kann. Zwei Bücher gibt er dazu heraus: *Wahlreform – Aber wie?* im Selbstverlag und *Konsequente Demokratie*[16]. Er organisiert Diskussionsgruppen innerhalb der SPD Kreis Plön, besonders mit jungen Leuten.

Er ist auch Mitglied in *Mehr Demokratie*, einem Verein

---

[16] Jack Meitmann, *Konsequente Demokratie*, Frieling Verlag, Berlin 1992

zur Förderung des Volksentscheids auf Bürgerinitiative. Am Ende seines Lebens, als Alleinstehender im Mönkeberger Einzelhaus wohnend, überlebt er einen Schlaganfall, ist stark gehbehindert und verstirbt am Sonntag, dem 26. November 2006 in der Klinik Preetz an den Folgen eines Verschluckens (vielleicht ist er beim Essen in Ohnmacht gefallen), wenige Tage nach einer erfolgreichen Darmkrebs-Operation.

Er war eine sehr liebenswürdige, freundliche Person, mit treffsicherer Logik, reger Neugierde und sehr sicheren Kenntnissen, immer voll Ironie und Humor. Ein zivilisierter Origineller, der gern lange Gespräche führte, die er immer spannend und einleuchtend zu gestalten wusste. Ich hatte mit ihm quasi ein Vater-und-Sohn-Verhältnis. Wenngleich meines Erachtens die gefühlsmäßige Seite bei ihm etwas zu kurz kam, so war er mir jedoch stets ein Vorbild.

Als ich die Wahl einer Laufbahn in der Informatik wagte, hatte ich durch ihn verstanden, dass mir dieses Gebiet liegen und gefallen könnte, selbst ohne das damals eigentlich erforderliche Mathematik-Studium. So kann ich sagen, dass mich sein Einfluss gewissermaßen auf die Querwege gelenkt hat, die ebenfalls ich im Leben gegangen bin.

Mutti

Deine und *Jackis Mutti*, die also wie gesagt auch meine und *Catias* geworden ist, kam auf diesen Planeten – um wie der *Kleine Prinz* von Saint-Exupéry zu sprechen – am Sonnabend, dem 11. Januar 1902, um 14 Uhr, in Kiel-Gaarden, in der Wohnung ihrer Eltern, Annenstraße 56, mit den Namen Elsa Anna Adam versehen (Rufname Else).

Die Geburtsurkunde wird nach Aussage ihres Vaters Karl Hermann Adam erstellt (Glatze, Schnurrbart, rundliche Figur *à la* Oliver Hardy von *Dick und Doof*), vierunddreißigjähriger Geschäftsführer.

Ihre Mutter ist Anna Pauline, geborene Feist, sechsundzwanzig Jahre alt. Beide sind in landwirtschaftlichen und handwerklichen Familien im fernen Niederschlesien geboren, nach 1945 der polnische Südwesten. Er war aus Putschlau (jetzt *Pęcław*), Kreis Glogau (*Głogów*), sie aus

Nimptsch (*Niemcza*) im Bezirk Breslau (*Wrocław*).

In Kiel haben sie als zwei „ausgewanderte" Landsleute in einer fremden Stadt zusammengefunden, die sie und Annas Brüder jedoch wegen der zahlreichen Arbeitsmöglichkeiten angezogen hatte, die der kaiserlich verordnete rasche Marine- und Industrieaufbau bot. Vor allem sind es die Kieler Schiffswerften, die viele Arbeitskräfte brauchen.

Für Hermann, gelernter Schmied aus einer zwölfköpfigen Geschwisterreihe, gibt es hier weit bessere Aussichten als in den ärmlichen schlesischen Landen, wo allein der Älteste den Bauernhof erben wird, von dem seine Familie nur dann leben kann, wenn er nebenbei auch noch ein Handwerk betreibt.

Infolge gewisser Lektüren war *Mutti* überzeugt, dass der Ortsname Gaarden von den Gärten des ehemaligen Schlosses herkam, wo die spätere Zarin Katharina II einen Teil ihrer Kindheit verbracht hätte. Dank eigener Forschungen weiß ich es heute aber besser. Der Name kommt von ganz gewöhnlichen eingezäunten Grundstücken; im Kieler Schloss ist nicht Katharina sondern ihr späterer Ehemann, der angehende Zar Peter III geboren und aufgewachsen, während sie aus Stettin stammte. Daher wohl die Verwechslung.

Ab Ende des 1. Jahrhunderts ist Gaarden jedenfalls Standort von zwei der wichtigsten Kieler Werften, der Kaiserlichen und der Germaniawerft. Der Ort ist zur Arbeitervorstadt geworden, 1901 in Kiel eingemeindet.

Hermann Adam hat freigiebige, menschenfreundliche Ideale. Er tritt in die damals sozialistische Partei SPD ein.

Um seinen Arbeiterkollegen zu helfen, ihr Los aufzubessern, nimmt er an gewerkschaftlichen und Streiktätigkeiten teil, woraufhin er seine Arbeitsstelle verliert. Unverdrossen gründet er 1899 mit vierundvierzig Genossen eine Arbeiter-Konsumgenossenschaft, eine der Ersten in Deutschland, deren Leitung und Ausbau er übernimmt.

Obwohl der (evangelischen) Religion nicht nahestehend, lassen ihre Eltern die kleine Else am 9. Februar 1902 taufen, wahrscheinlich aus reiner Tradition. Sie ist ihr erstes Kind. Dann kommen Emma Dorothea (*Emmi*) in 1903, Hans Hermann in 1907 (späterer Kernphysiker und Direktor der Kieler Ingenieurschule) und zuletzt Anni Marie in 1909.

Else ist ein ruhiges und intelligentes, angenehm aussehendes Mädchen. Sie erreicht mühelos den Volksschulabschluss, besucht dann eine Berufsschule auf dem Gebiet der Möbelherstellung. Später wird sie sich als Innenarchitektin weiterbilden.

Parallel dazu wohnt sie begeistert den Bildungsabenden und Vorlesungen eines Arbeiterjugend-Heims bei, das sich, ebenso wie die Wohnung der Familie Adam, im Hauptgebäude der Konsum-Genossenschaft befindet. Sie macht ebenfalls im Arbeiter-Turnverein mit, einer verkappten sozialistischen Jugendorganisation. Dabei erwirbt sie sich einen großen und treuen Freundekreis.

Von ihrem fünfzehnten Lebensjahr in 1917 an bis zur Evakuierung der Zivilbevölkerung aus Berlin 1943 führt sie ein persönliches Tagebuch. Dieses umfangreiche Paket Hefte habe ich zusammen mit anderen Schätzen 2007 aus dem Mönkeberger Familienhaus gerettet, bevor es verkauft und abgerissen wurde. Wegen ihrer eiligen, fast stenografischen altdeutschen Handschrift sind sie nicht leicht lesbar aber sie haben einen unschätzbaren Wert, um *Mutti* und alle die Familie betreffenden Geschehnisse kennenzulernen. Durch sie habe ich ein ganz anderes Bild von ihr bekommen als durch persönliche Bekanntschaft in ihrem späteren Lebensabschnitt. Dazu hat sie auch ein Kindertagebuch über Deine und *Jackis* Anfänge im Leben, sowie ein „Logbuch" über die letzten Vorkriegsferien an Bord Eures Segelbootes von der Berliner Havel bis zum Müritzsee im Sommer 1939. Letztere mit Fotos und eigenhändigen Zeichnungen versehen.

Mit ihrer ersten großen Liebe fängt *Muttis* Tagebuch an. Der um zwei Jahre ältere Ernst Busch (1900 – 1980) ist ein Kieler Arbeitersohn, der ebenfalls das Arbeiterjugend-Kulturhaus besucht. Neben seiner Arbeit auf einer Werft, bekommt er Theater- und Gesangsunterricht[17].

---

[17] Darüber habe ich in meiner Broschüre *Dienstag geh ich ins Theater - Ernst Busch - Von der Werft zur Bühne 1917-1920*, TwentySix, Norderstedt 2017, ausführlicher berichtet.

Micha, Opa *und Ernst Busch*
am Laboeer Kurstrand 1958

Er fasziniert bereits durch seine magnetische Anziehungskraft, sowie durch seine starke, melodiöse Stimme. Er wird ein berühmter Sänger und Schauspieler werden, ein überzeugter Kommunist, der unter anderem mit Bertolt Brecht und Hanns Eisler zusammenarbeiten wird. Ihr Verhältnis ist stark, gefüllt mit großer Liebe, aber sittsam. Über einen magischen Kuss, an den sie sich lange erinnern wird, geht es nicht hinaus.

Nach mehrmaligem Hin-und-Zurück zwischen Trennung und Wiederzusammenfinden beschließt Else letztendlich, dass zu dieser glutvollen Natur eine Frau gehört, die wie er ein Künstlerleben führt. Wohl macht sie einige Versuche auf der Theaterbühne, eine Berufung dazu spürt sie jedoch nicht.

Im Jahre 1918 ist das markanteste lokale Geschehen der Kieler Matrosenaufstand, der die deutsche Revolution anfachen und schließlich den Kaiser stürzen wird. Sie erwähnt die sich bildenden Soldaten- und Arbeiterräte, die eine Zeitlang über die Stadt befehlen, und die durch Barrikaden gesperrten Straßen.

In den darauf folgenden Jahren ist der elf Jahre ältere Karl Meitmann, Sohn eines Kollegen und Genossen Hermanns, ein häufiger Besucher des Hauses Adam. Er wirbt um die Hand *Emmis*, um später Else den Vorzug zu geben, die ihm ebenfalls gefällt. Von seiner Energie, seiner Extravaganz, seinem verführerischen Charme fühlt sich Deine spätere *Mutti* angezogen. Zwischen ihnen entsteht eine wilde, starke, fast irrsinnige Liebe.

Dann heiraten sie am 22. November 1922 in Kiel; Karls Vater ist gerade am Vortage verstorben. Ein modernes Ehepaar wollen sie sein, ohne Komplexe. Else ist eine aufgeklärte, gebildete Frau, die eine Gleichheit der Rechte mit den Männern anstrebt. Am Ende einer tollen Liebe, nach zwei Jahren, zerrinnt der Honigmond. Eine ewige Treue hatten sie sich sowieso nicht geschworen. Beide machen Seitensprünge. Aber sie werden immer zusammenbleiben, der Kinder wegen, und weil sie finanziell abhängig ist.

Die darauf folgenden Geschehnisse habe ich schon im Teil I geschildert, als ich von Dir erzählte, *Maman Grète*. Ich werde mich auf die Meldung beschränken, dass nach der Evakuierung Berlins 1943 Deine *Mutti* bei ihren Vettern väterlicherseits, der Familie Bäsler in Klosterfelde Zuflucht findet. Von dort aus, durch das Regime zur Arbeitspflicht gezwungen, wählt sie eine Stellung als Möbelzeichnerin bei der Firma Soldan, die Kulissen für das Kino baut. Von Berlin war der Betrieb wegen der Bombenanschläge nach Oranienburg, weiter nach Norden, verlegt worden.

Mutti wohnt in der Nähe bei braven Leuten zur Untermiete. Sie wechselt weiterhin mit einem „Lebenszeichen"-Stempel versehene Postkarten mit ihrem in Berlin verbliebenen Ehemann, sowie mit Dir - und zeitweise *Jacki* – nach und aus Jena. Als jedoch gegen April 1945 das Donnern der Front herannaht, spürt sie, dass das Hitler-Regime ausgespielt hat, und sie beschließt, zu ihrer Mutter nach Kiel zurückzukehren.

Mitten in der allgemeinen Panik nimmt sie ein Fahrrad und stürzt sich auf die Straßen mit ihrem mageren Gepäck. Sie reist teils allein, die russischen oder polnischen Vorposten vermeidend, teils mit einem kleinen Trupp deutscher Soldaten auf dem Rückzug, bei denen sie auf dem LKW mitreisen darf, und die sie respektieren, wie sie mir erzählte. Drei Wochen später kommt sie an und findet die zweimal ausgebombte *Oma* in ihrer Behelfswohnung. Ein Brief aus Hamburg von Euch dreien wird sie dort erreichen und so beginnt die Nachkriegszeit für Eure wieder vereinigte Familie.

Mutti habe ich besonders in Mönkeberg gut gekannt. Von Ostern bis Juni 1957, vor meinem Volksschulbeginn, habe ich drei Monate allein dort verbracht, bevor sich *Catia* für die Sommerferien zu uns gesellt hat. *Opa* kam fast als Besucher vorbei, so beschäftigt hielt ihn seine parlamentarische Arbeit in Bonn und in seinem Hamburger Wahlkreis. Aber wenn er vorbeikam, dann brachte er mir immer etwas Schönes zum Naschen oder zum Spielen mit. Also war ich hauptsächlich mit meiner Großmutter zusammen.

Einmal in der Woche fuhren wir mit der Hafenfähre (damals sagte man „Hafendampfer") in die Stadt nach Kiel. Wir aßen im Restaurant, oft im „Migasta" (Milch-Gaststätte) gegenüber dem Hauptbahnhof. Unweigerlich bringt mich der Duft von Milchreis mit Zimt dahin zurück, auch wenn *Mutti* ebenfalls welchen zu kochen pflegte. Dann durfte der Gang zur Bank für Gemeinwirtschaft nicht fehlen, um Bargeld abzuheben. Denn *Mutti* hielt die Familienkasse. Wenn *Opa* in Mönkeberg war, dann gab sie ihm das Nötige zum Einkaufen. Übrigens ging ich oft mit ihm, und er führte immer stolz „seinen Enkelsohn aus Paris" vor.

Mit ihrem Bargeld versehen, kaufte meine Großmutter also in der Holstenstraße ein, einer der ersten Fußgängerstraßen in Deutschland überhaupt. Dann besuchten wir *Oma* in ihrem „Stadtkloster" genannten Altersheim in der Harmsstraße, unweit der Gerichtsgebäude.

Oma *(80 Jahre alt)* und Mutti
vor dem Altersheim Stadtkloster Kiel in der Harmsstrasse 1955

Ich sehe sie noch vor mir, diese in Schwarz gekleidete, etwas strenge Frau mit ihrem schlesischen Dialekt: *„Ich geh' in de Kiche."* Ich glaube, sie mochte mich leiden, aber sie beeindruckte mich. Es gab ein kleines Kaffeetrinken. Mutter und Tochter sprachen miteinander während ich aus dem Fenster blickte. Gegenüber sah ich Kinder auf einem Schulhof spielen. Durch die Nähe zur Ostsee bedingt, beobachtete ich ebenfalls die zahlreichen auf den Dächern hockenden Möwen, alle in Windrichtung damit ihr Gefieder glatt blieb, wie man mir erklärt hatte. Und dass sie nicht auf See waren, zeigte Sturm an.

Ich erinnere mich auch daran, allein im Mönkeberger Garten während *Muttis* heiligen Mittagsschlafs gespielt zu haben. Damit sie nicht aufwachte, durfte ich in der Nähe ihres Fensters keine Geräusche machen. Ich fühlte mich einsam, etwas wehmütig, hoffte auf *Opas* Rückkehr oder

Jackis Besuch, um mich zu unterhalten. Über meinem Kopf ließ der Wind das Laub frösteln und die Wolken rasend schnell vor der Sonne vorbeiziehen. Dieses typische Kaltfrontwetter, zusammen mit dem Rauschen, erweckt immer wieder in mir dieses Gefühl und bringt mich in diesen Garten im Frühjahr 1957 zurück.

Obwohl völlig als Familienmitglied angesehen, fühlte ich mich bei *Mutti* nicht ganz so wohl wie bei *Rémy* und Magali. Nicht etwa, dass Else eine bösartige Frau gewesen wäre, weit entfernt, aber sie war ziemlich streng in ihren Erziehungs-Prinzipien. Ich musste auf die Sauberkeit meiner Fingernägel achten, mich zu Tisch gerade halten, mit den Unterarmen auf der Tischkante und nicht anders. Den Besuchern mit „einem Diener"[18] die Hand geben, nicht sprechen bevor ich „vom Besuch" gefragt wurde, keine unhöflichen Wörter sagen, beim Tischdecken und Abtragen mitmachen, und so weiter.

Strenges Verbot, das Grundstück zu verlassen, ohne Begleitung mit dem „Hafendampfer" zu fahren, solange ich keinen Freischwimmerschein in der Tasche hatte. Ich hob die Schultern: als wenn man vom Schiff ins Wasser fiele! Hätte ich erst wie die Vögel fliegen lernen müssen, um mit dem Flugzeug zu reisen? Wenn ich einwendete, dass mir in Paris dieses und jenes erlaubt sei, dann antwortete sie immer: „Andere Länder, andere Sitten".

Mir schien sie auch übertrieben ängstlich. Alles kam ihr gefährlich vor. Nachts ließ sie im Flur Licht brennen, um

---

[18] Also mit tief nickendem Kopf. Meine Schwester musste „einen Knicks" machen, das heißt etwas in die Knie gehen. Beides in Frankreich nicht üblich.

Einbrecher abzuschrecken. Aus Spott sagten wir Kinder: „sonst kommen die Räuber". Sie war oft in der Haltung eines Opfers, stöhnte und schien zu fragen: „Warum, um Himmels Willen, geschieht mir dies?"

Andererseits war sie freigiebig. Sie hat uns immer gut ernährt, oft zu Ausflügen mitgenommen, oder zum Strand, mit Kaffetrinkpause in einem Lokal oder Proviant aus der Tüte. Sie spendete uns Kleidung, Schuhe, Zubehör, Spielzeug, die uns *Rémy* und Magali nur mit Mühe hätten kaufen können.

Und dann gab es auch diese Streitszenen, wo *Mutti* jammerte und *Opa* schimpfend die Türen zuschlug. Zu welchen Anlässen? Bestimmt nur Lappalien. Aber ein schwerer Rückstand an Konflikten lag wohl „in den Schränken". Als Einziger wusste *Jacki*, wenn er aus Lübeck zu Besuch kam, Frieden zu stiften, mit viel Ruhe und Diplomatie, aber stets die Partei seiner Mutter gegen seinen Vater ergreifend. Wie lieber war mir, wenn er da war!

Das lastende Schweigen über Dich, *Maman Grète*, habe ich schon erwähnt. Jedoch bleibt mir eine rührige Erinnerung an das, was mir *Mutti* einen Abend in 1970 gesagt hat. Wie so oft war ich von einem Tag auf den Hafenfähren mit meinen befreundeten Kapitänen und Matrosen zurückgekommen. Wir waren auf Sonderfahrt gewesen, um die von der Kieler Arbeiter-Wohlfahrt betreuten Kinder zu einem Ferienlager am Falckensteiner Strand zu fahren. An diesem Tage hatten sie ihr Sommerfest gehalten.

Da ich seit einigen Monaten lernte, Querflöte zu spielen, hatte ich bei dieser Gelegenheit mein Instrument mitgenommen und einige Stücke vorgespielt. Als ich nach meiner Rückkehr in Mönkeberg über meinen Publikumserfolg berichtete, erzählte mir meine Großmutter, dass ich sie an ihre Grete erinnerte, die künstlerisch so begabt war, und immer gerne im Mittelpunkt der auf sie gerichteten Blicke stand. Und sie hat zugegeben, dass meine Flöte sie an Dein Geigenspiel erinnerte.

Diese Worte haben mir unglaublich warm ums Herz gemacht. Als wenn sich all diese Jahre des Schweigens und empfundenen dumpfen Schams aufgelöst hätten. In meinen Ohren klang es wie: „Ich liebe dich und ich bewundere dich wie ich meine Tochter liebte und bewunderte. Durch dich lebt sie weiter." Da habe ich ebenfalls verstanden, dass die Geige, mit der ich so oft gespielt hatte, nicht wie von *Mutti* oft behauptet ihr sondern Dir, meiner *Maman*, gehört hatte.

Im Februar 1971 Witwe geworden, muss Else sehr schwere Zeiten durchmachen. Depressions-Krisen haben sie in die Kieler Nervenklinik, später jahrelang ins psychiatrische Krankenhaus Heiligenhafen gebracht. Sie war nicht mehr fähig, selbstständig in ihrem Haus zu leben, viel zu ängstlich, zusammengebrochen, trotz der Anwesenheit *Jackis*, der zwar zu ihr gezogen war, jedoch als Hamburg-Pendler lange Stunden am Tag abwesend.

Anfang der achtziger Jahre erhält sie ein Zimmer im günstig gelegenen und eher angenehmen Altenheim des Roten Kreuzes in Kiel. Hier wohnt sie in einem gewissen materiellen Komfort, ohne schwere körperliche Krankheiten, täglich von *Jacki* besucht, ausnahmsweise auch von mir, meiner Frau und meinem Sohn. Sie erlischt im Schlaf am 17. Februar 1995, am gleichen Tag wir ihr Ehemann, nur 24 Jahre später.

Während all dieser Jahre sind wir stets in Kontakt geblieben und sei es nur mit einem Kärtchen zu den Feier- und Geburtstagen. Alles noch in meinem Besitz.

Opa

Wie gesagt, *Maman Grète*, – und das ist für Dich nichts Neues – Dein *Vati* ist mein *Opa*. Eine recht ungewöhnliche Persönlichkeit, wie wir es sehen werden.

Sein Anfang im Leben erfolgt am Freitag, dem 20. März 1891 um 16 Uhr in Gaarden, Kielerstraße 19, in der Wohnung seiner Eltern, als Carl Friedrich Hermann Meitmann. Sein Rufname wird – wahrscheinlich nach der Rechtschreibungsreform von 1901 – „Karl" geschrieben werden, auch in allen amtlichen Unterlagen. Vor 1901 ist Gaarden noch kein Kieler Stadtteil[19], sondern eine selbstständige Gemeinde.

---

[19] Genaugenommen betrifft dies nur Gaarden-Ost, denn Gaarden-Süd ist erst 1910 in Kiel eingemeindet worden.

Er ist das fünfte Kind des zweiunddreißigjährigen Schlossers Johannes Leopold Friedrich Meitmann (Filzhut, dicker Schnurrbart) und seiner Ehefrau Louise Friederike Ernestine Mathilde, geborene Klein (sehr schöne, leicht ironische Augen, aufrechte Haltung), sechsundzwanzig Jahre alt.

Johannes Meitmann war in Wolgast / Vorpommern, nahe Usedom und der Peenemündung, geboren. Sein Name soll von „Mähmann" abgeleitet sein, also mit einem landwirtschaftlich-beruflichen Ursprung. Andere Formen wären „Meutmann", „Meumann".

Seine Vorfahren kamen aus Stralsund mit Umweg über Anklam. Nachspüren kann man sie bis zu einem gewissen Gabriel Meitmann, Feintuchweber und Zunftältester in Stralsund, etwa in der ersten Hälfte des 17. Jahrhunderts. Ich besitze die Digitalisierung eines Briefes von seiner Hand, in dem er sich in einer gerichtlichen Sache gegen die Zunft der

Schneider verteidigt. Schöne Handschrift, schöne Unterschrift. Es folgen weitere Weber, bauende oder fahrende Schiffszimmerleute, Steuerleute. In verwandten Wolgaster Seitenlinien gibt es auch Glaser, sowie Fisch-Räucherer und -Händler.

Im Laufe der Generationen sind viele unter ihnen Zunftälteste. Gewissermaßen eine gewerkschaftliche Tätigkeit, damals schon. Johannes scheint allein nach Kiel gekommen zu sein, und seine einzige Schwester in Wolgast zurückgelassen zu haben, die jedoch später zureiste.

Während seine Frau Louise mit ihren Eltern und Geschwistern aus Mecklenburg gekommen war. In Ribnitz sind sie geboren, aber man findet sie 1867 in der Rostocker Volkszählung, also bereits näher zu Kiel. Louise hat eine ältere Schwester und zwei jüngere Brüder. Ihr Vater ist Seefahrer, später seefahrender Schiffszimmermann, ebenso wie einer seiner Brüder, „Onkel Adolf", von dem erzählt wird, er habe in einer Luftblase das Kentern seines Schiffes überlebt. Auch er und seine Familie waren nach Gaarden gezogen und der Familie Meitmann bekannt. Neuerdings bin ich mit Nachkömmlingen in Verbindung gekommen.

Bevor der kleine Karl im März 1891 zur Welt kam, gab es bereits Wilhelmine (genannt *Minna*) in 1883 (später nach Hamburg verheiratet), Wilhelm (genannt *Bill*) 1886 und Anton 1889. Nach ihm kommt noch Elsa (genannt *Else*) 1893 (die mit ihrem Ehemann Hans Gülck nach Vancouver, später nach Kalifornien auswandern wird, nach einem Zwischenaufenthalt in Kiel nach dem ersten Weltkrieg). Eine beachtliche Geschwisterreihe.

Zu beachtlich, vielleicht? Haben die häufigen Schwangerschaften etwa Louises Gesundheit geschwächt? Jedenfalls verstirbt sie im Jahre 1898, als mein *Opa* gerade eben seinen siebenten Geburtstag gefeiert hatte. Inzwischen Vorarbeiter geworden, heiratet sein Vater 1901 Johanne Meyer, eine zweiundvierzigjährige verwitwete Schneiderin aus Greifswald, unweit Wolgast, eine Landsmännin also.

Aus dieser zweiten Ehe stammen Luisa Maria, geboren 1902 (genannt *Lissi*, die spätere Kieler Stadträtin Lisa Hansen, die ich gut gekannt habe; sehr freundlich) und zuletzt Hans 1909 (der in Rostock Polizist werden, und im 2. Weltkrieg umkommen wird). Auf die drei ältesten Brüder komme ich im nächsten Kapitel zurück, denn ihre Geschichte ist einen Umweg wert.

Nach Deinem Tode, *Maman Grète*, muss meine Situation ihn an seine eigene Kindheit erinnert haben. Wie ich bekommt der junge Karl nämlich eine Stiefmutter, aber mit zehn ist er älter als ich bei der väterlichen Neuheirat. Er hat mir nie erzählt, welche Beziehung er zu Johanne hatte (vor meiner Ahnenforschung war mir selbst ihr Name unbekannt), da man ja nicht von Dir sprechen durfte, und der Vergleich zu auffällig gewesen wäre. Wie schade ... na, Schluss damit.

Am Anfang des 20. Jahrhunderts liegt die deutsche Vereinigung noch nicht sehr weit zurück, nicht mehr als eine Generation. Regionale kulturelle Unterschiede sind noch in großen Ausmaßen vorhanden. In Schleswig-Holstein wie in Mecklenburg-Vorpommern wird die niederdeutsche Sprache noch in weiten Kreisen gesprochen. In der Volksschule wird noch auf *Plattdütsch* gelehrt. Bis zu meiner, also der Nachkriegszeit sprechen die Seeleute, Bauern und Handwerker noch *Platt*.

Mein *Opa* vermischte dauernd Hoch- und Niederdeutsch, verwendete die regionale Sprache mit seinen alten Freunden, und um Gedichte und Märchen aufzusagen; er sang auch oft plattdeutsche Lieder. So ist mir diese Sprache ganz natürlich „ins Ohr gerutscht"; ich dürfte einer der wenigsten Pariser sein, der sie versteht, nebenbei gesagt. Klammer zu.

Also geht unser Karl in die Volksschule. Die neu zusammengesetzte Familie ist von einem Kieler Vorort zum Nächsten umgezogen, nämlich unmittelbar nördlich von Gaarden, nach Ellerbek. Übrigens ein plattdeutscher Name – zu Hochdeutsch: „Erlenbach". Die Ellerbeker Buben haben eine Bande gebildet, die zur Gaardener feindlich eingestellt ist. Spiel- und Kampfplatz ist der an der Grenze zwischen beiden Ortschaften etwas abseits liegende Tröndelsee.

Die Bengel haben sich mit Wildwestromanen von Jack London, Fenimore Cooper und Karl May ernährt, mit Winnetou und Old Shatterhand. Sie träumen vom Leben in der Wildnis, bauen Hütten und wählen sich Kriegernamen. So wird aus Karl *Jack die Bärenklaue*, seiner breiten Hände wegen. Sein ganzes Erscheinungsbild ist übrigens kurz und untersetzt, noch mehr als meins. Lebenslänglich werden ihn seine alten Freunde *Jack* nennen. Außer *Mutti*, die stets *Kuddel* zu ihm sagte, also „Karl" in der Hamburger Umgangssprache. Er wiederum nannte sie immer ... *Mutti*, genau wie seine Kinder und Enkelkinder.

Bereits 1889 wird Johannes Meitmann einen ähnlichen Kurs steuern wie später mein anderer Urgroßvater Hermann Adam: politische, gewerkschaftliche und sozialkämpferische Tätigkeiten, Entlassung aus der Werft, Gründung einer

Genossenschaft. In seinem Fall die Vereinsbäckerei Gaarden.

Im Jahre 1905, mit dem Volksschulabschluss in der Tasche, geht sein Sohn Karl in die Lehre für Handel und Buchhaltung, bei einer Getreide-Großhandelsfirma, später im Kohlenhandel. Gleichzeitig besucht er eine Handelsschule, wo er Bilanz- und Handelsrecht lernt. 1908 ist er Jugend-Turnwart der männlichen Jugendabteilungen der *„Freien Turnerschaft an der Kieler Föhrde"*.

1909 beginnt seine Tätigkeit als kaufmännischer Angestellter (Buchhalter) bei der GEG (Großeinkaufsgesellschaft Deutscher Konsumvereine) in Hamburg. Währenddessen führt er seine Weiterbildung und seine Betätigung in der sportlichen Anleitung junger Arbeiter in Hamburg fort.

Da wird er 1912 von der Militärpflicht eingeholt. Er, der Internationalist und überzeugte Pazifist! Nicht nur, dass er die dreijährige Ausbildung durchmachen muss, zuletzt als Gefreiter, viel schlimmer noch: anschließend bricht gleich der erste Weltkrieg aus. Drei Verwundungen, Ernennung zum Vize-Feldwebel, eisernes Kreuz.

Leidenschaftlich franzosenfreundlich, wie viele Deutsche, hat er mir einmal erzählt, wie er eines Tages plötzlich einem französischen Soldaten gegenüberstand, und wie schwer es ihm fiel zu schießen, um sein eigenes Leben zu retten. Ich weiß nicht, wie stark er vorher antimilitaristisch eingestellt war; spätestens dann ist er es aber geworden. Er habe sich auch heimlich mit der französischen Bevölkerung verbrüdert, habe sogar anstelle eines zur Front geschickten französischen Bauern auf dessen Hof ausgeholfen, wie er mir erzählte.

Im Dezember 1918 wieder „in die Heimat entlassen", wird er Sekretär des Beigeordneten beim Regierungspräsidenten von Schleswig-Holstein in Schleswig. Aufgaben des Beigeordneten: Politische Überwachung und Umbau der Verwaltung der Provinz auf die neue demokratisch-republikanische Grundlage. Karls besondere Aufgabe: Verhandlungen mit den Behörden-Chefs und behördlichen Institutionen über die Durchführung der Anweisungen der neuen Regierung.

Im Jahr danach ist er erster Sekretär des deutschen Bevollmächtigten bei der *Internationalen Kommission Sleswig*, der inter-alliierten Abstimmungs-Überwachungs-Kommission für das Plebiszit in Nord-Schleswig, wo ein beachtlicher Anteil der Bevölkerung Dänisch spricht. Ihm obliegt die Organisierung und Leitung der deutschen Vorbereitung des Abstimmungskampfes in beiden Zonen des Abstimmungsgebietes. Nach der Abstimmung vom 24. März 1920 verlagert sich die deutsch-dänische Grenze nach Süden und Flensburg wird als deutsche Stadt wiedervereinigt.

Nach erfolgter Abstimmung führt Karl anstelle seines zum Reichsinnen- und Außenminister ernannten Chefs Dr. Adolf Köster wichtige Aufgaben aus, wobei er durch seine Organisierungs- und Überzeugungsfähigkeiten auffällt. Die Fortsetzung entnehme ich am besten dem Lebenslauf, den er selbst verfasst hat:

„1920 (März) – Im Auftrage des Staatskommissars, der zur Wiederherstellung der Ruhe und Ordnung verfassungsmäßiger Zustände vom Reichspräsidenten als Reichskommissar eingesetzt wurde, habe ich selbstständig und nach ei-

genen Vorstellungen und Kenntnissen die Organisierung und die Leitung – auch die militärische – des Widerstandes der Regierungstreuen Kräfte zur Niederschlagung des Kapp-Putsches in Schleswig-Holstein durchgeführt und dabei mehrfach mit der Waffe in der Hand mein Leben eingesetzt.

Nach Beendigung dieses Auftrages wurde ich vom preußischen Minister des Inneren, dem ich direkt unterstellt und allein verantwortlich war in Handlung und Berichterstattung, zum politischen Zivilkommissar für die Provinz Schleswig-Holstein ernannt. Aufgaben: Aufbau und Sicherung der staatlichen Polizei (Schutzpolizei) im Sinne der demokratischen Gesetzgebung mit Veto-Recht gegen alle Maßnahmen der Polizei bis zur persönlichen Entscheidung nach Berichterstattung beim Innenminister.

(...)

Eine Einberufung zum preußischen Landrat durch den preußischen Innenminister mir angetragen, habe ich abgelehnt, um mit meinen Kenntnissen und Erfahrungen in der freiheitlich-demokratischen Arbeiterbewegung wirken zu können. Aus dem gleichen Grunde habe ich das Angebot, Kieler Polizeipräsident zu werden, abgelehnt."

Zur Durchführung seiner verschiedenen bisherigen Aufgaben hat er acht Semester als Hospitant bei der Universität Kiel in den Fächern Verfassungs- und Verwaltungsrecht,

Staatsrecht, sowie Strafrecht und Rechtsphilosophie abgelegt.

1924 gründet Karl als Gausekretär das *Reichsbanner Schwarz-Rot-Gold* für Schleswig-Holstein, eine Art Ordnungsdienst der SPD. Die nächsten Stufen seinen Werdeganges sind 1926 seine Wahl zum Bezirks-Parteisekretär der Sozialdemokratischen Partei Schleswig-Holstein, 1928 zum ersten Vorsitzenden der Landesorganisation Hamburg der SPD und Partei-Vorstandsmitglied, 1929 zum Mitglied des Hamburger Landtages, der sogenannten Bürgerschaft.

Opa *ca. 1930*

Während dieser Zeit hat er, wie gesagt, geheiratet, seine beiden Kinder bekommen, ist von Kiel nach Altona, dann nach Hamburg-Fuhlsbüttel umgezogen.

Bei der Machtergreifung durch die Hitler-Bande 1933

wird er dreimal verhaftet[20]. Mit Hilfe seiner Sekretärin verbrennt er unschätzbare, jedoch kompromittierende Unterlagen in seiner Waschküche. Bei seiner dritten Festnahme am 16. Juni 1933 bei einer halb-heimlichen Versammlung des Hamburger SPD-Vorstands wird er im Konzentrationslager Fuhlsbüttel, einen Steinwurf von seiner Wohnung entfernt, eingesperrt. Selbst unter schweren Misshandlungen verrät er nicht, wer ein von der Gestapo am Versammlungsort gefundenes Dokument verfasst hat, das das Exil des SPD-Vorstands in Prag organisieren sollte.[21]

Durch Überschneiden verschiedener Quellen habe ich mir ein Bild der Umstände seiner Entlassung Ende Oktober 1933 machen können. Seinem Verteidiger, dem angesehenen Dr. Herbert Ruscheweyh, ist es gelungen, die Illegalität seiner Festnahme zu beweisen und zur Geltung zu bringen, dass Karl während der Schleswiger Ereignisse im März 1920 einen adeligen Offizier vor der mordsüchtigen Menge rettete, indem er sich mit der Pistole in der Hand dazwischen stellte. Es scheint, dass dies in die Nazis eine gewisse Achtung eingeflößt hat, sodass die Gefangenschaft in Verbannung umgewandelt wurde.

Wie es mit der Familie Meitmann weiterging, habe ich im Teil I schon geschildert. Nach Kriegsende, nachdem er seine Hamburger Ämter zurückerworben hatte, war Karl zusätzlich während der ersten drei Legislaturperioden nach Gründung der Bundesrepublik 1949 Mitglied des Bundestages, erst als direkt gewählter Abgeordneter eines Arbeiter-Wahlkreises, zuletzt als Listenkandidat, und daneben Mit-

---

[20] Dazu Näheres oben, im Teil I, Kapitel „Verbannt".
[21] Einer der beiden Autoren war sein Freund Paul Hermberg

glied des Parteivorstandes und verschiedener Bundestags-Ausschüsse.

Am 20. März 1961, zu seinem siebzigsten Geburtstag, legt er all seine Ämter nieder, um die Freizeit in seinem Mönkeberger Haus zu genießen. Jedesmal, wenn er in Kiel zu tun hat, fährt er mit dem Auto durch die Ortsteile Ellerbek und Gaarden, dem Werftgelände entlang. Aus Traditionsgründen war er Mitglied der *Ellerbeker Buttgilde*, die sich selbst stolz als „die einzigste *Ellerbeker Buttgilde* der Welt" bezeichnet.

Meine früheste Erinnerung an *Opa* stammt natürlich aus der Zeit nach Deinem Ableben, *Maman Grète*. Ich sitze hinten im Volkswagen auf dem Wege nach Deutschland. Er dreht sich um und sagt mit Spitzbubenmiene zu mir: „Du bist ein Pulcinella". Wegen seiner Aussprache habe ich immer gedacht, es heiße „*Putschineller*" und sei ein ihm eigenes Wort. Erst viel später, Dank Strawinsky, habe ich verstanden, dass der Name aus der *Commedia dell'Arte* kam.

Kleinkinder hatte er furchtbar gerne. Mich brachte er zum Lachen, spielte den Clown. Sobald er irgendwo ein kleines Kind sah, war er in Verwunderung, besonders wenn es gerade laufen gelernt hatte. „Guck mal, wie es *dappelt*", sagte er.

Sehr freigiebig war er, er wollte immer etwas „spendieren", wie er es nannte: „Wollt ihr ein Eis?" war sein typischster Satz. Aber auch zu trinken, zu naschen, Spielzeug, eine Karussellfahrt und so weiter konnte er „spendieren". Er war für mich als Kind eine Art bartloser Weihnachtsmann.

Ständig hatte er ein Lied auf den Lippen, sei es nur, um

neue Verse dazu zu dichten, im Zusammenhang mit dem, was wir gerade machten[22]. Besonders sauber sang er die Melodien nicht, aber mit Begeisterung. Lieder aller Arten sang er, Kinderlieder, Seemannslieder auf Hoch- oder Plattdeutsch, politische Lieder, Kampflieder, kommunistische und Spanienkriegs-Lieder aus den Schallplatten-Aufnahmen von Ernst Busch[23].

Er sagte oft auch lange Gedichte auf, am Kamin Schillers Glocke („... *Doch wehe, wenn sie losgelassen...*"), zu Ostern den Osterspaziergang aus Goethes *Faust* („*Vom Eise befreit sind Strom und Bäche...*"), und so weiter.

Eine andere Erinnerung: ich sehe mich noch in Mönkeberg, in dem kleinen Kellerraum, der ihm als Werkstatt diente, auf dem Bord unter der Hobelbank liegend, auf der er handwerkelte, ihn beobachtend und seine Erklärungen hörend.

Er nannte mich liebevoll „*mien Jung*" sowie er zu *Catia* „*mien Deern*" sagte. Er hat auch viel mit uns und mit Gilles alle Arten Brett- und Kartenspiele gespielt. Auch Freiluftspiele wie Ringtennis, Federball oder Krocket. Er hat mir jedoch die Lust zu Halma, Dame und Schach verdorben, weil sein einziges Vergnügen darin bestand, mich zu besiegen, um dann laut zu triumphieren. Auch mogelte er bei vielerlei Spielen, um zu gewinnen.

Zum Einschlafen erzählte er uns oft Geschichten, nickte aber oft selbst beim Sprechen ein. Wenn er nichts mehr zu

---

[22] Beispiel: „*Wir fahr'n nach Holtenau / Da ist der Himmel blau / Da tanzt der Ziegenbock mit seiner Frau.*"
[23] Siehe oben, Kapitel „*Mutti*", deren Jugendliebe.

erzählen wusste, dann sagte er: „Es war einmal ein Mann, der hatte sieben Söhne. Die sieben Söhne sprachen: ‚Vater, erzähl' uns mal 'ne Geschichte.' Da fing der Vater an: Es war einmal ein Mann..." und so weiter, bis es uns zu viel wurde.

Er war ein richtiges Original, wahrlich von der Liebe zum wilden Leben getränkt, mit freiem Körper in der freien Luft und in der Sonne. Eine Art Ideal des „guten Wilden" *à la* Jean-Jacques Rousseau. Er war mit Vorliebe auf dem Wasser, im Wasser und unter Wasser. Sein Lieblingsstreich war, mit rauchender Pfeife vom Sprungbrett zu springen, unter Wasser zu schwimmen, und mit immer noch rauchender Pfeife wieder aufzutauchen. Sein Trick? Mit dem Publikum im Rücken legte er blitzschnell einen Finger vor das Mundstück und drückte den Pfeifenkopf gegen seinen Unterarm, was ihn beim Schwimmen kaum hinderte. Umgekehrtes Handumdrehen beim Auftauchen, wieder von den Zuschauern abgekehrt, dann Umdrehen unter jubelndem Applaus.

Am Lenkrad war er ein erschreckender Fahrer, eilig, unvorsichtig, in der Verkehrsordnung ziemlich verwirrt. Ich sehe noch *Mutti* auf dem Beifahrersitz bei jeder Kreuzung tief einatmen, manchmal sich die Hand vor das Gesicht haltend. Schlimmstenfalls kam dann noch ein „Ach, *Kuddel!*".

Opa war ein schwerer Raucher, woher ein Dauerhusten mit Ausspucken kam. Das klang etwa: „*Rehemm ... toi!*". Auch aus dem Autofenster beim Fahren. Einmal hatte er vergessen, dass er die Fensterscheibe nicht geöffnet hatte...

Im Ruhestand verbringt er seine Zeit hauptsächlich auf oder bei seinem Boot, um dem ehelichen Zusammenleben sooft wie möglich zu entkommen. In Maasholm an der Schleimündung hatte er ein traditionelles Fischer-Ruderboot gekauft, das er dann als Segler umgebaut hat, mit zwei kurzen Bambusmasten (er hatte eine ganz besondere Vorliebe für dieses Material) und rotbraunen Gaffelsegeln nach alter Art. Seine *Passat*, mit gebasteltem Kielschwert aus Blech, manövrierte schlecht. Das unsichere Funktionieren ihres 10-PS Volvo-Penta Benzinmotors veranlasste endlose Telefongespräche in plattdeutscher Sprache mit einem Bastelfreund. Komischerweise kam das „verplattdeutschte" Wort „*Vergoser*" immer wieder vor. Gilles und ich lachten uns schief.

Mutti beteuerte, dass *Rémy* ausdrücklich verboten hätte, dass seine Kinder *Opas* Boot betreten. Deshalb bin ich nie mit der *Passat* gefahren. Was meinen Großvater nicht daran gehindert hat, mich mit seiner Liebe zur Seefahrt anzustecken. Aber auch seine Abneigung gegen die Marine hat er auf mich übertragen.

Eine sehr markante Erinnerung hängt mit all den Gelegenheiten zusammen, wo Besuch im Hause war, wo man vielleicht ein *Bierchen* oder einen Cognac getrunken hatte, und eine politische Diskussion aufflammte. Wenn mein Großvater das Wort ergriff, mit lauter, bestimmter Stimme, eilendem Redefluss, war er so in Schwung, dass man ihn nicht mehr anhalten konnte.

Meine letzte Szene mit ihm spielt sich in einem Zimmer des Kieler städtischen Krankenhauses im September 1970 ab. Als Folgen seines Tabakrauchens und seiner ständigen Bronchitis litt er unter Aderverkalkung und Magengeschwür. Eine dramatische Magendurchlöcherung im August hatte seinen dringenden Transport ins Krankenhaus veranlasst.

Bei einem meiner letzten Besuche an seinem Krankenbett, als er spürte, dass wir uns wahrscheinlich bald nicht mehr wiedersehen würden, hat er sich gewissermaßen bei mir verabschiedet, indem er mich fest umarmt und zu mir von Dir gesprochen hat, *Maman Grète*. Oder vielmehr vom Schuldgefühl, das ihn plagte, *Rémy* nicht von Deiner psychiatrischen Vergangenheit unterrichtet zu haben. Er weinte und beteuerte, er habe nicht anders handeln können. Wenn er gewusst hätte..., es täte ihm leid, aber er müsse es mir sagen, um sein Gewissen zu erleichtern.

Davon war ich so erschüttert, dass mir bis spät abends die Tränen liefen. So viel habe ich, glaube ich, in meinem ganzen Leben nicht geweint. In den Verkehrsmitteln habe ich geweint, zu Hause habe ich geweint. Ich stellte mich abseits, wollte niemanden sehen. Ich weiß nicht, was *Mutti* und *Jacki* von meinem Verhalten gedacht haben; ich habe vergessen, ob ich Ihnen überhaupt etwas mitgeteilt habe. Blackout. Ich weiß nur noch meinen übergroßen Kummer.

Ich schämte mich, am Ende seines Lebens meinen greisen, etwas heruntergekommenen, schwerhörigen, lächerlichen *Opa* verspottet zu haben. Ich entdeckte, was dieser Mensch alles an Empfindsamkeit und Schmerz in seinem Inneren verborgen gehalten hatte, ohne dass ich es ahnen konnte. Sein Schuldgefühl war ansteckend.

Nach Hause ist er nicht mehr zurückgekehrt. Sein Krankenhaus-Aufenthalt dauerte von September bis Februar. Im Schlaf ist er ruhig am Mittwoch, dem 17. Februar 1971, dahingegangen. Er, der für mich mit seinen ewig weißen

Haaren und Couperose-Haut das hohe Alter verkörperte, hat um fünf Wochen seinen achtzigsten Geburtstag versäumt.

Abenteuer der drei Meitmann-Brüder

Von der nun folgenden Geschichte ist mir bei weitem nicht alles bekannt. Da ist, was *Opa* mir davon erzählt hat (zumindest, was mir davon in Erinnerung geblieben ist), da sind auch die Einzelheiten, die mir *Jacki* bei meinem letzten Besuch mit meinem Sohn im Januar 2004 mitgeteilt hat, dessen Ziel es war, so viel Informationen über die Familiengeschichte wie möglich zu sammeln. Andererseits gibt es auch die im Internet zugänglichen Daten und meine Kontakte mit den amerikanischen Nachkommen eines der Beteiligten.

Zuerst meine Kindheitserinnerungen: Zwei Brüder meines Großvaters, *Bill* und Anton Meitmann, waren nach Amerika gereist, wo sie allerhand Abenteuer erlebt, alles Mögliche angerichtet hatten. Bei ihrer Rückkehr in Kiel waren sie Küstenfischer geworden und besaßen einen hölzernen Fischkutter mit Liegeplatz nahe der Kieler Innenstadt. So ausgedrückt war es schon sagenhaft genug.

Bill

Anton

In der Zeit ab 1956, in der ich nach Kiel fuhr, war *Bill* schon nicht mehr am Leben und Anton im Ruhestand. Schade, einen Fischkutter hätte ich zu gern gesteuert. Durch *Jacki* habe ich 2004 erfahren (oder erneut gehört, falls ich es inzwischen vergessen haben sollte), dass es einen Dritten im Bunde gegeben hatte, nämlich den ältesten der Brüder, Heinrich Meitmann. Sie waren also nicht zu zweit sondern zu dritt auf Reisen gegangen.

Und als ich meinen Onkel fragte, was aus Heinrich geworden sei, warum er nicht mit seinen Brüdern Fischer geworden sei, da antwortete er, er wisse es nicht, man habe mit ihm nie über Heinrich gesprochen (mit mir erst recht nicht...), nur die beiden anderen habe er gut gekannt. Zum ältesten der Brüder zuckte er mit den Schultern und meinte: „Verschollen in Amerika".

Was die erlebten Abenteuer betraf, so seien die Brüder kreuz und quer durch Nordamerika als blinde Passagiere auf Güterzügen getrampt, hätten alle möglichen Arbeitsposten bekleidet, mit allerlei Leuten verkehrt und sogar bei der mexikanischen Revolution unter Pancho Villa mitgemacht. *Bill* und Anton, so *Jacki*, seien derart vom amerikanischen System angeekelt zurückgekehrt, von dessen Methoden, von

König Dollar, dass sie als Sozialisten hingefahren, jedoch als Kommunisten zurückgekehrt seien. Sie hätten sich als Fischer selbstständig gemacht, um nicht von einem kapitalistischen Arbeitgeber abhängig zu sein.

Jacki hatte ebenfalls eine gute Erinnerung an seinen Vetter ersten Grades Wilhelm Meitmann, genannt *Willimann*, Antons Sohn, ein Frauenverführer und *Bon-Vivant*, dem seine Mutter Amalie (genannt *Male* beziehungsweise *Mali*) heimlich eine Flasche Wein auf sein Krankenhauszimmer nach einer Operation mitgebracht hatte.

Was seinen Vater, meinen Großonkel Anton betrifft, so soll man ihn in den sechziger Jahren an einem Zigarettenautomaten überrascht haben, den er offensichtlich für eine Telefonzelle hielt. Er wollte „den Genossen Thälmann" sprechen, den von den Nazis in Buchenwald ermordeten Hamburger Kommunisten-Anführer.

Und dann die Unterlagen, auf die ich zugreifen konnte. Einerseits hatte ich einen sehr interessanten Informations-Austausch mit einer Dame im Kieler Meldeamt-Archiv, die mir eine Fülle von Einzelheiten über alle meiner Verwandten, die in Kiel gewohnt haben, mitgeteilt hat. So habe ich die Namen der drei Ehefrauen erfahren, die *Willimann* Meitmann nacheinander hatte. Mit der zweiten unter ihnen hatte er 1943 eine Tochter, Carmen, die später mit ihrer Mutter nach Großbritannien ausgewandert ist, und von ihrem Stiefvater unter dem Namen Cooper adoptiert wurde.

Diese Daten gehörten zu meiner auf einem spezialisierten Internet-Dienst abgelegten Ahnenforschung. Eines schönen Tages in 2014 überrascht mich mit einer Kontaktaufnahme die besagte Carmen, Deine Cousine ersten Grades, *Maman*

Grète, von der ich nicht die geringste Hoffnung hatte, je einmal zu hören. Sie war ganz froh, endlich einen Verwandten gefunden zu haben, mit dem sie sich über die Familiengeschichte austauschen konnte. Seitdem stehen wir in interessantem und herzlichem E-Mail-Kontakt.

Andererseits gibt es Informationen im *World Wide Web*. Die interessanteste habe ich bei Ellis Island gefunden, wo man die Passagierlisten der in New-York angekommenen Auswandererschiffe abrufen kann. Dort habe ich die drei Meitmann-Brüder wiedergefunden und traute fast meinen Augen nicht, als ich entdeckte, was man mir alles nicht verraten hatte.

Zuerst das Reisedatum: Ankunft in New-York am 6. Mai 1915. Ach so? Mitten im ersten Weltkrieg? Während Karl im Schützengraben hockte, waren seine drei Brüder davongekommen! Aber wie? Die Umstände geben einen Hinweis. Das Schiff, die *Hellig Olaf* (Heiliger Olaf) führt die dänische Flagge und kommt aus Kopenhagen. Die drei Brüder sind auf drei aufeinander folgenden Spalten verzeichnet, als Meitmann *Vilhelm* (28, Brauer), Heinrich (30, Arbeiter) und Anton (26, Maurer). Staatsangehörigkeit: Dänemark, Geburtsort Kopenhagen.

Donnerwetter! Wie konnten sie mitten im Weltkrieg von Kiel nach Kopenhagen gelangen, und wie konnten sie für die dänische Besatzung als Dänen gelten? Indem sie ihr *Platt schnackten*? Einige Wortwurzeln sind ähnlich aber die Aussprache ist doch vollkommen anders. Ausgeschlossen! Einzige mögliche Erklärung: wohlwollendes Beschützen. Dänische Fischer haben sie heimlich über die Ostsee bringen können. Vielleicht haben sie mit dänischen sozialistischen Genossen Verbindung aufgenommen, welche sie dann mit den notwendigen Fluchtmitteln versehen hätten: Falsche Pässe und wohlwollende Personen an Bord, unter anderem. Ein zugunsten leidenschaftlicher Pazifisten dem kriegerischen deutschen Kaiserreich geschlagenes Schnippchen, etwa.

Armer Karl, der dagegen sieben lange Jahre in den Krallen des Kaiseradlers bleiben musste! Ich bin überzeugt, dass er den vierten Musketier gemacht hätte, wenn er nur gekonnt hätte. Er hat es mir nie verraten, aber als er den Streich erfuhr, hat er seine Brüder sicher beneidet.

Nächste Überraschung: Ihr Reiseziel, durchgestrichen und überschrieben. Ursprünglich wollten sie zu ihrem Schwager Hans Gülck nach Lynn (Valley), Vancouver, British Columbia in Kanada. Das hatte Sinn. Aber warum stattdessen der Name eines New-Yorker Pastors? Vielleicht haben sie inzwischen erfahren, dass Kanada, der britischen Krone gehörend und also Kriegsteilnehmer, aus allen sich auf seinem Gebiet befindenden Deutschen Kriegsgefangene machte.

In der Tat lehren mich Briefe aus dieser Zeit, dass Hans Gülck von Mitte 1915 bis Kriegsende in einem Lager in Vernon, British Columbia, eingesperrt ist. Und was unsere Burschen betrifft, so sind sie alle drei von den USA als *„non immigrant"* und „in Transit" abgestempelt. Dann vergehen zwei Jahre, über die mir keine Angaben zur Verfügung stehen.

Die jüngste Schwester, Elsa, Hans Gülcks Ehefrau, wurde am 27. Oktober 1917 beim Passieren der Grenze registriert, als sie ohne Ehemann aber mit ihrem zweijährigen

Sohn Carl von Lynn Valley, North-Vancouver nach Ontario, Kalifornien (einen Vorort von Los Angeles), mehrere Tausend Kilometer weiter südlich reiste. Ziel der langen Fahrt: sie begab sich zu ihren Bruder Heinrich, der sich während der Internierung ihres Mannes um sie kümmern sollte.

Und was erfahre ich 2018? In Ontario wohnten die drei Meitmann-Brüder eigentlich zusammen. Aus damaligen Zeitungsberichten lese ich, dass sie am 5. März 1918 verhaftet werden, weil sie einer Meldepflicht als feindliche Ausländer nicht nachgegangen seien. Waren sie also keine Dänen mehr? Dann seien sie über die mexikanische Grenze geflüchtet. Findet dann etwa die besagte Episode mich Pancho Villa statt? Später seien sie nach Kalifornien zurückgekommen, wieder verhaftet worden und am 2. Juli 1918 im Fort McArthur in San Pedro, Kalifornien, als spionageverdächtige Kriegsgefangene interniert, später nach dem Fort Douglas, Utah überstellt.

Arme Else! Nach ihrem Ehemann werden jetzt ihre Brüder eingesperrt. Und sie muss in einer fremden Stadt als „feindliche Ausländerin" mit ihrem kleinen *Karlemann* bis Kriegsende allein zurechtkommen. Nun weiß ich auch, wie die drei Burschen nach Europa zurückgekommen sind. Unter Aufsicht des Internalen Roten Kreuzes werden sie ausgewiesen und treten an Bord des Truppentransporters *USS Martha Washington* am 28. Juni 1919 ab Charleston, South Carolina, die Reise nach Rotterdam an, in einer Gruppe von 945 ehemaligen Kriegsgefangenen.

Ihrem Schwager Hans Gülck muss es von Kanada aus ähnlich gegangen sein, denn auch er findet sich nach dem ersten Weltkrieg mit Frau und Sohn in Kiel wieder. Dann versuchte er, erneut nach Kanada zu emigrieren. Wegen der großen Inflation konnte er jedoch die Geldmittel nicht zusammenbekommen, weshalb er mit seiner Familie etwa 1925 für einige Monate in die Niederlande zum Arbeiten zog, bevor ihnen endlich die Ausreise nach Edmonton, Kanada glückte. Das dortige Klima war jedoch für Elsa im Winter zu kalt, und so zogen sie wieder an die Westküste nach Vancouver. Im Jahre 1940 wird sich die Familie Gülck endgültig im Raum Los Angeles niederlassen.

Na, was war dann mit diesem Heinrich, dem vermeintlich „in Amerika Verschollenen"? Also, da habe ich andere Quellen (bei den Mormonen im Internet, unter anderem), nach denen zusätzlich zu seinem ältesten Sohn Johannes, geboren 1910 (also hat er bei der besagten Reise Frau und Kind in Kiel hinterlassen; auch Anton war bereits verheiratet), er noch einen Heinrich bekommen hatte, der wie Du, *Maman Grète*, 1923 in Kiel geboren wurde, jedoch schnell verstarb, dann ein Gleichnamiger in 1926.

Er ist 1924-1925 wieder in die Vereinigten Staaten gefahren, und ein anderes Mal, endgültig, am 24. Januar 1927. Er reiste zu einem Freund nach Kansas City. *Anni*, seine Ehefrau und Kusine ersten Grades (in Wolgast geboren), ist am darauffolgenden 7. November mit ihren beiden Söhnen (darunter das Baby) zu ihm gereist. Später hat sich die Familie in Seattle im Bundesstaat Washington, an der Pazifikküste, nicht allzu weit von Vancouver, niedergelassen.

Und da habe ich sie im November 2006 wiedergefunden. Die besagten Eltern natürlich nicht. Die waren 1963 beziehungsweise 1974 verstorben. Aber „das Baby" von 1926 war noch am Leben, obwohl bettlägerig, und mit einer seiner Töchter, die in seiner Wohnung den Hörer abnahm, konnte ich mich am Telefon unterhalten. Wir sind Vetter zweiten Grades, wie mit Carmen aus Großbritannien.

Sozusagen in letzter Minute konnte ich *Jacki* davon unterrichten, dass ich seinen Vetter aus Seattle, den Sohn Heinrichs, wiedergefunden hatte, als ich am Vortage seiner Operation in seinem Preetzer Krankenhaus mit ihm telefonierte. Am Sonntag danach verstarb mein lieber Onkel. Es war unser letztes Gespräch gewesen.

Durch meine Verwandten aus Seattle habe ich weiter erfahren, dass Heinrich, wie sein Bruder Anton sein Leben in einem psychiatrischen Krankenhaus beendet hat, ebenso sein Sohn Johannes, der sich mit zweiundzwanzig Jahren das Leben genommen haben soll.

Aus was für einer Familie Du stammst, meine *Maman*!

TEIL III
PORTRAITS VÄTERLICHERSEITS

Rémy

Rémy *mit seinen Kindern, Ostern 1954*

Dritter Aufzug; Kulissenwechsel. Vergessen wir Deutschland und die lutherisch-evangelischen Ahnen. Die ursprüngliche Heimat Deines Ehemannes, *Maman Grète*, befindet sich in Polen, in jüdischen Kreisen. Er selbst wird am 7. März 1923 im Rothschild-Krankenhaus, im 12. Pariser Stadtbezirk, als Henry Stermann geboren. Vor ihm kam 1921 sein Bruder Camille. Die Geburtsurkunde meines Vaters ist ein familienrechtliches Kuriosum ersten Grades. Es steht darin, in der Textspalte:

„Am siebenten März tausend neunhundert dreiundzwanzig, um sieben Uhr dreißig Minuten, wurde geboren, Rue Santerre 15, Henry, männlichen Geschlechts, [Sohn] von Leiser Stermann, geboren in Karkoff (Russland) im Jahre tausend achthundert sechsundneunzig, und von Rachel Popiolek, geboren in Karkoff (Russland) im Jahre tausend achthundert achtundneunzig, ohne Beruf, dessen Ehefrau, beide wohnhaft in Paris, Rue des Jardins Saint-Paul 31 (...)"

Da staunen Sie schon, lieber Leser, „in Polen" hatte ich ja gesagt. Seien sie beruhigt, Sie haben noch lange nicht zu Ende gestaunt. Ich fahre fort. Erster Randvermerk:

„Am sechsundzwanzigsten Februar tausend neunhundert einunddreißig, im Rathaus des 15. Stadtbezirkes von Paris, von Leiser Stermann und Rachel Popiolek anerkannt."

Wieso denn „anerkannt"? War er im Hauptteil nicht schon als der Sohn beider Eltern bezeichnet? Zweiter Randvermerk:

„Infolge der am siebzehnten März tausend neunhundert einunddreißig erfolgten Trauung von Leiser Stermann und Rachel Popiolek zum ehelichen Kind erklärt."

Wieso nach Trauung ehelich erklärt? War er im Hauptteil nicht schon Kind verehelichter Eltern? Ehrlich, wie kann ein ernsthafter Standesbeamter überhaupt solche Vermerke schreiben, ohne vorher zu veranlassen, dass ein Zivilgericht die ursprüngliche Urkunde berichtigt? Welch eine Schlamperei!

Liebe Familienforscher, ich warne Euch. Traut nicht blind den Urkunden. Kannst Du Dir vorstellen, *Maman*, dass wenn es nach *Catias* Sterbeurkunde ginge, Du 1985 noch am Leben gewesen wärst? Erklärung: der Aussagende ist nicht immer richtig informiert, beziehungsweise liegen ihm nicht immer alle nötigen Unterlagen vor.

Der brave anzeigende Krankenhausangestellte von 1923 konnte sich wohl nicht vorstellen, dass man ein Kind zur Welt bringen konnte, ohne verheiratet zu sein. Der Polizeikommissar, der *Catias* Tod meldete, hatte in Abwesenheit aller Verwandten keinen Zugriff auf das Familienbuch der Eltern.

Und was sind die übrigen Seltsamkeiten in *Rémys* Geburtsurkunde? Um mich hier kurz zu fassen, werde ich weiter unten die Geschichte meiner Großeltern, die ich nicht gekannt habe, gesondert erzählen.

Zur Zeit handelt es sich erst um den kleinen Henry. Auf ihn folgen Nathan 1927, David 1931 und Monique 1936. Man spürt daran den Drang der Eltern zur Integration, dass sie nicht nur „typisch jüdische" Vornamen wählen. Camille, Henry (Henri wäre noch geläufiger) und Monique sind damals bei „normalen" französischen Kindern übliche Vornamen.

Inzwischen ist die Familie in die bereits erwähnte Sozialwohnung der Rothschild-Stiftung *Rue Bargue* 15, Paris

15, gezogen. Der Vater arbeitet als Schneider-Unterlieferant zu Hause, liest die fortschrittliche jiddische Zeitung *Naïe Presse*. Henry geht in die Volksschule und bemüht sich, ein kleiner Pariser wie die Anderen zu sein, obwohl er sich etwas über seine aus der Ferne gekommenen Eltern schämt, die eine fremde Sprache sprechen, und fremde Gewohnheiten pflegen.

Henry und Nathan

Auf der Straße spielt er mit Jungen aus der Nachbarschaft. Durch die Hintertür, ohne Eintritt zu bezahlen, gehen sie ins benachbarte „Läusekino", wie sie es nennen, und sehen sich alle möglichen Filme an. Ihr damaliger Lieblingsspott „Hast du *Ben-Hur* in Farbe gesehen?" wird angewendet, wenn einer von ihnen in übertriebenem Maße prahlt.

Zu Hause sprechen die Eltern Jiddisch. Wenn die Kinder nicht verstehen sollen, dann Polnisch. Nach Volksschulabschluss geht Henry nicht in die Lehre, um einen bestimmten Beruf zu erlernen. Den Grund weiß ich nicht. Bei seinem Vater hätte er Herrenschneider werden können, sonst Fabrikarbeiter wie der ältere Bruder. Er hat mir nie erzählt, ob er überhaupt einen bestimmten Beruf im Auge hatte, oder vielleicht erinnere ich mich schlecht.

Seine Vorkriegstätigkeit kann ich nicht mehr gut von den bescheidenen inoffiziellen Arbeitsstellen unterscheiden, die er sich während der deutschen Besatzung notgedrungen beschaffen musste, nachdem Pétains „Judengesetze" Berufsverbot verordnet hatten. Dabei weigerten sich übrigens die drei Brüder Camille, Henry und Nathan, das berüchtigte gelbe Sternabzeichen zu tragen.

Ich weiß nicht, zu welchem Zeitpunkt mein Vater in der Rundfunkgeräte-Reparaturwerkstatt von *Monsieur Routier* gearbeitet hat, den ich später auch gekannt habe. Oder wann er im „Läusekino" Platzanweiser war. Was ich verbindlich weiß, ist dass er während des Krieges Pakete geliefert hat.

Nachdem die Eltern am 16. Juli 1942 im Rahmen der berüchtigten *Vel d'Hiv*[24]-Massenverhaftung nichtfranzösischer Juden festgenommen worden waren (die Kinder gelten als Franzosen und werden in der Wohnung allein gelassen), wird die kleine Monique, fünfeinhalb Jahre alt, von Nachbarn aufgenommen und als vermeintliches katholisches Familienmitglied bei deren Verwandten in den Alpen versteckt.

Der elfjährige David wird von seinem Schuldirektor (der später wegen seiner Judenrettung verhaftet und hingerichtet werden wird) in ein Ferienlager nach Mittelfrankreich geschickt. Nach den Sommerferien wird er mit anderen jüdischen Kindern bei kommunistisch eingestellten Bauern in derselben Gegend untergebracht. Schuldirektor sowie Bauern waren wohl in Verbindung mit dem kommunistischen Widerstand.

Diese Familien werden beide Geschwister jahrelang unentgeltlich und unter eigener Lebensgefahr betreuen. Mein Onkel und meine Tante werden sich mit Erfolg bemühen, dass ihnen die Auszeichnung der „Gerechten unter den Nationen" verliehen wird.

Inzwischen müssen die drei Ältesten, Camille, Henry und Nathan, auf eigene Faust zurechtkommen. Sie schlafen in einem kleinen Bediensteten-Zimmer in der *Rue des Favorites*, mit dem Wohlwollen eines ihrer „Schwarz-Arbeitgeber", vielleicht des besagten *Monsieur Routier*.

---

[24] So heißt im Volksmund das *Vélodrome d'hiver* (Winter-Radrennstadion) in Paris 15, wo Tausende Familien tagelang festgehalten wurden, um anschließend über die Lager Drancy (bei Paris), Pithiviers und Beaune-la-Rolande (bei Orléans) nach Auschwitz verschleppt und ermordet zu werden.

Höchstwahrscheinlich sind sie verraten worden, denn am 17. Juni 1944 dringen frühmorgens plötzlich SS-Leute in ihre Unterkunft ein und verhaften sie alle drei, damals dreiundzwanzig, einundzwanzig, beziehungsweise sechzehn Jahre alt. Ins Konzentrationslager Drancy, in der nördlichen Vorstadt, werden sie verschleppt und dort werden sie ohne Gewalt durch den SS-Mann mit dem höchsten Dienstgrad verhört. Nach dem Kriege wird mein Vater auf Fotos diesen Mann wiedererkennen. Es handelt sich um den Lagerkommandanten Alois Brunner, der sich später vermutlich unter Schutz des örtlichen Diktators lange in Syrien versteckt hat. Er war begleitet von seiner rechten Hand – oder besser: Faust –, die unter dem Spitznamen *der Boxer* berüchtigt war und, wie ich herausgefunden habe, Ernst Brückler hieß.

Eine seiner Lagererinnerungen: er befindet sich beim Stacheldraht-Zaun und versucht, bei einem Posten stehenden französischen *Gendarme* Informationen zu erhalten. Dieser reagiert sofort: „Hau ab oder ich schieße".

Bei ihrer Ankunft in Drancy wurden sie unter den Nummern 23977 – 23979 registriert. Im Lagerregister befindet sich auch eine Quittung[25] über die zweihundertsiebzig Franken, die Camille bei sich hatte, und die beschlagnahmt wurden. Kein Profit ist zu klein.

Die drei Brüder werden in den Güterzug-Transport Nummer 76 gesteckt, der am 30. Juni 1944 zu einem unbekannten Ziel abfährt, den die Gefangenen unter sich „*Pitschi Poi*" nennen. Nach vier Reisetagen in menschenunwürdigen

---

[25] Diese befindet sich weiter unten im Abschnitt „Dokumente", ebenso wie alle Karteikarten aus der Judenverfolgung, die meine Verwandten betreffen.

Zuständen, nächtliche Ankunft des Zuges an einem Bahnsteig mit Scheinwerferbeleuchtung. Unglaubliches Gedrängel, knochendürre Menschen in Schlafanzügen, die Handkarren ziehen. Erste Reaktion bei diesem Anblick: „Was ist das nur für ein Kasperltheater?"

Die „Schlafanzüge" helfen ihnen beim Aussteigen. Selektion. Er kommt in die gute Reihe, die nicht in die Gaskammern geht. Seine Brüder ebenfalls. Sie sind in Auschwitz-Birkenau. Er fragt um sich, ob nicht jemand seine Eltern gesehen hätte. Statt einer Antwort deutet jemand auf den großen Schornstein, der so stinkend schwarz qualmt.

Nie wird mein Vater verraten, was er empfunden hat, als er verstand, warum er seine Eltern nicht wiedersehen würde. Dafür hatte er wohl keine Worte. Die Verdrängung (im Sinne Freuds) hat ein Übriges getan.

Die drei Brüder werden in einer Marschgruppe dem Arbeitslager Auschwitz III Monowitz zugeführt, etwa zehn Kilometer weiter. Hier entsteht ein Industriekomplex zur Herstellung von Kunstgummi unter der Marke Buna, eine militärisch notwendige Produktion im Rahmen der deutschen Selbstversorgung. Werksbesitzer ist das Kombinat IG Farbenindustrie, das die Nazis aus den großen deutschen Chemiekonzernen Höchst, Bayer, BASF usw. zusammengesetzt haben.

Nach Kriegsende werden die Firmen wieder selbstständig werden, und ungestört weiter gedeihen. Diese Industrie zieht aus den Sklaven Nutzen, die ihr Heinrich Himmlers Truppen im Rahmen der „Endlösung der Jüdischen Frage" besorgt. So werden die „Arbeitskosten" unter Missachtung jeglicher menschlicher Aspekte gesenkt. Diese Banditen sahen in ihnen nicht einmal vollwertige Menschen.

Nach einer zweimonatigen Anfangszeit schwerster körperlicher und demütigender Arbeit (wie das Zerstören von jüdischen Grabsteinen oder das Graben von unnötigen Gruben), um sie zu zerbrechen und jeden Widerstand unmöglich zu machen, werden den Ankömmlingen Arbeitsposten innerhalb der Fabrik zugeteilt. Ein Gefangener hatte ihnen in jiddischer Sprache zugeflüstert, es sei besser, wenn man einen gelernten Beruf angebe. Henry gibt „Elektriker" an. Als mit der Kennung A16884 am linken Unterarm tätowierter Gefangener, erhält er eine sinnlose aber wenigstens wettergeschützte und nicht erschöpfende Arbeit in der Armaturenkontrolle. Der älteste, Camille, erhält die Kennung A16883, der jüngere Nathan A16885.

Mehrmals Fliegeralarm. Englisch-amerikanische Bomber. Alle Mann in die Luftschutzkeller, außer den Gefangenen, die den Bomben ausgesetzt bleiben, und auf dem Hof jubeln. Die Schäden werden jedoch nicht ausreichen, um ihnen den Ausbruch zu ermöglichen.

Bis zum 18. Januar 1945 geht es weiter, dann nähert sich die Rote Armee. Die SS räumen das Lager, sie organisieren einen zweitägigen „Todesmarsch" bis zum Lager Gleiwitz.

Nach dem Kriege wird es meinem Vater jedes Jahr kalt den Rücken herunterlaufen, wenn die Befreiung der Auschwitzer Lager durch die sowjetischen Truppen gefeiert wird. Denn für ihn und seine Brüder fängt gerade dann die Leidensgeschichte erst richtig an.

In Gleiwitz beginnt eine Fahrt, die er mir immer mit Abschwächungen erzählt hat, wie er es mir erst spät verraten hat. Eines Tages, in den 1990er Jahren hat er mir nämlich das Buch seines Bekannten Robert Francès in die Hand gedrückt, und gesagt: „Dies musst du lesen, er hat dasselbe erlebt wie ich aber ich habe nicht alles erzählen können. Lies und du wirst verstehen."

Wie ich die Geschichte kannte, wurden sie in offenen Güterwagen acht oder neun Tage lang nach Nordhausen über Wien transportiert, im „Pyjama" bei bitterer Kälte und Schnee, ohne Essen und Trinken. Ich wusste vom langen Warten in Wien unter einer Brücke, von ausgedursteten Gefangenen, nach Wasser schreiend, von vorbeigehenden Leuten, die mit den Füßen Eiszapfen abbrachen, welche auf sie herunterfielen, einige von ihnen verletzten oder gar umbrachten. Ich wusste, dass mein Vater unter den wenigen Überlebenden war, als der Zug in Nordhausen ankam, dass er nicht mehr stehen konnte und außerhalb des Lagers Dora ins Abseits gebracht wurde. Seine Füße waren erfroren, worunter er sein ganzes Leben leiden, und infolgedessen er mit Gewissheit Schneewetter vorhersagen wird. Davon sprach er oft.

Was er aber nicht verraten wollte, war, dass er nur dank der Leichen überleben konnte, mit deren Hilfe er sich vor dem Kältetod geschützt hat. Ein Übermaß an Grausamkeit, für ihn unsagbar.

Allein der siebzehnjährige Nathan ist bei der Ankunft noch stand- und lauffähig. Im Lager Dora-Mittelbau wird er am 28. Januar 1945 unter der Häftlingsnummer 108822 registriert, wie aus der Lagerkartei zu erfahren, und zur Arbeit eingeteilt. Camille und Henry erhalten am selben Tag die Nummern 108906 beziehungsweise 109049, kommen aber vorerst ins Krankenrevier. Als unbrauchbar werden sie am 15. beziehungsweise 30. März zum sogenannten Nordhausen-Kommando überführt. In der Stadt, in ausgedienten Luftwaffen-Hallen, der sogenannten Boelcke-Kaserne, hat die Lagerführung alle Sterbenden oder fast Sterbenden ohne jede Pflege zusammengepfercht. Der gestörte Eisenbahnverkehr sowie zwei schwere alliierte Bombenangriffe am 3. und 4. April 1945 auf Nordhausen werden ihren vorgesehenen Abtransport zum Lager Bergen-Belsen verhindern, wo sie eigentlich ermordet werden sollten.

Durch ein Doppelbett-Gestell gerettet und dank eines durch Bombeneinschlag explodierten und verbrannten Erdbeermarmeladen-Vorrats überlebend, wird Henry dort am 11. April 1945 von einem Vortrupp der *US-Army* entdeckt, der, um den Bau der V2-Raketenwaffen dringend zu stoppen, den übrigen Amerikanern vorgeeilt war.

Camille und Henry hatten noch einmal ihren Bruder Nathan erblickt. Er war unter den Lager-Überlebenden; die SS hat kurz vor der Ankunft der Amerikaner das Lager geräumt und die verbleibenden Gefangenen auf die Wege getrieben. Nathan wurde nie wiedergesehen. Es konnte kein deutsches Archivdokument über seinen Verbleib gefunden werden, selbst durch Einschalten der internationalen Suchkommission für vermisste Personen.

Mein Vater hat immer gemeint, sein jüngerer Bruder hätte sich unter den 1 016 Opfern des Massenmordes durch Brand in der Scheune bei Gardelegen am 13. April 1945 befunden. Es gab jedoch viele andere Wege der Evakuierung, zum Beispiel nach Neuengamme, dann an Bord der am 3. Mai in der Ostsee versenkten *Cap Arcona*.

Nach dem Bombenangriff glaubt Camille, als einziger überlebt zu haben; er geht einfach hinaus in die deutsche Landschaft. Die SS erwischt ihn wieder und sperrt ihn in das Lager Wansleben am See, einem Außenkommando des Hauptlagers Buchenwald, hier unter der Buchenwalder Häftlingsnummer 140495. Beim Herannahen der Front sollen die Häftlinge in die Kalibergwerke hinabgehen, um dort umgebracht zu werden. Diese weigern sich trotz der Schläge und Drohungen; entrüstet verschwinden ihre Peiniger kurz vor der Ankunft der Amerikaner.

Camille ist wieder unterwegs, lässt sich auf einem Bauernhof in der Nähe nieder; die beängstigten Landwirte ernähren ihn einen Monat lang. Aufgemöbelt wird er am 1. Juni 1945 mit der Eisenbahn in Paris ankommen.

Meinen Onkel Camille mochte ich. Er machte dauernd Witze und brachte mich zum Lachen. Sein Lieblingsausdruck war: „Nicht anfassen, du, mit deiner Hand voller Finger!" Man berichtet, er habe die katholischen Priester mit „*Bonjour, Mademoiselle*" (guten Tag, Fräulein) begrüßt und sich so gerechtfertigt: „Na und? Man trägt ja ein langes Kleid und ist nicht verheiratet."

In seinem Schlaf ist er einem Herzversagen erlegen; er war erst vierundvierzig Jahre alt, hinterließ eine Frau und eine vierjährige Tochter. Wer weiß, was für Albträume seinen Schlaf durchsetzten, während er tagsüber nur Lustiges erzählte?

Auf die Befreiung von Nordhausen-Dora komme ich zurück. Inzwischen wird ein Rücktransport der Überlebenden organisiert. Nachdem vorrangige französische Kriegsgefangene zugunsten der KZ-Überlebenden auf ihre Plätze verzichtet hatten, kann Henry am 21. April 1945 in die Heimat zurückfliegen. Kurz vor der Landung in Le Bourget erblickt er durch ein Fenster das nahe liegende Lager Drancy, seinen Ausgangspunkt. Ein Tagesschau-Streifen zeigt die Ankunft seiner *Dakota*. Einen der befreiten Gefangenen sieht man beim Aussteigen hinfallen. Er ist es.

Dann wird er vom französischen Militär befragt. Als er die schrecklichen Gaskammern, Krematorien usw. erwähnt, erblickt er im Spiegel einen Offizier, der zeigt, dass er wohl einen Vogel hat, und verrücktes Zeug redet. Da beschließt er, fortan zu schweigen, weil er das Unsagbare erlebt hat.

Zum Glück wird er nicht endgültig schweigen. Uns, seinen Kindern, wird er so manches erzählen und erwähnen. In seiner letzten Zeit wird er sich als Zeitzeuge vor Mittel- und Hochschülern stellen. Außerdem wird er sich 1996 von der Stiftung zur visuellen Geschichte der *Shoah*-Überlebenden interviewen lassen. Eine Kopie seiner Aussage habe ich erhalten und digitalisiert. Für alle, die ihn gekannt haben, fertige ich auf Anfrage Kopien an.

Rémy als Zeitzeuge am 18. Juli 1996
(video Survivors of the Shoah Visual History Foundation)

Vom Flugplatz Le Bourget wird Henry in das *Hôtel des Saints-Pères* im Pariser Viertel *Saint-Germain-des-Prés* gebracht, wo die Überlebenden provisorisch untergebracht wurden, bevor das *Hôtel Lutétia* dazu eingerichtet werden konnte, während des Krieges eine Hochburg der französischen Faschisten.

Empört hat uns mein Vater die routinemäßige Frage des Militär-Arztes erzählt, der ihn untersucht: „Na, mein Guter, wo fehlt's denn?". Für meinen Vater musste es jedem einleuchten, dass bei diesen aus den Todeslagern Geretteten, die nur noch die Hälfte ihres Vorkriegsgewichts wogen, alles fehlte...

Und dann, wohin? Es gab kein Zuhause mehr, die Wohnung war an Pétain-Anhänger wieder vermietet, der gesamte

Inhalt verloren. Fotos, Papiere, Gegenstände, alles weg! Anders als Andere hat er nicht das Glück gehabt, die Wohnung unter Gerichtsverschluss unversehrt aufzufinden.

Er schleppt seine dünne, schwache Gestalt bis zur *Rue Violet*, im 15. Stadtbezirk, wo sein Onkel Alexandre Popiolek und seine Tante Solange wohnen. Er hat nicht einmal die Kraft, die U-Bahn-Türen zu öffnen; und um den ersten Stock zu erreichen, braucht er fast eine volle Stunde. Bei seinen Verwandten wird er aufgenommen, gepflegt, verpflegt. Er findet bei ihnen menschliche Wärme und wird ihnen ewig dankbar bleiben (daher, wie gesagt, mein zweiter Vorname).

Dann wird er mit dem Zug nach Mittelfrankreich und in die Alpen fahren, um seine jungen Geschwister aufzufinden. Einen Vorfall mochte er gerne erzählen. Unter einem Regenmantel trägt er weiterhin seine gestreifte Häftlingsmontur. Beim Halten auf einem Bahnhof werden belegte Brote verteilt. Er steht an der Tür, lässt seine gestreifte Jacke sehen. Alle Brote landen auf seinem Abteilsitz. Ich vermute eine gewisse Übertreibung.

Wie Henry mit dem OSE (*Oeuvre de Secours aux Enfants*, Kinder-Hilfswerk) in Verbindung kommt, weiß ich nicht. Wahrscheinlich beim Suchen nach einer Unterkunft für David und Monique. Jedenfalls erfährt er, dass dieses jüdische Kinder-Wohltätigkeitswerk einen Erzieher für KZ-Opfer-Waisenkinder sucht.

Er braucht eine Arbeit. Nach der Sommerferienzeit 1945 begibt er sich in die Stadt Le Mans. Im Schloss Méhoncourt ist ein Waisenkinderheim eingerichtet, wo Lotte Schwarz, Chef-Erzieherin, den fehlenden Direktor ersetzt.

Instinktiv findet er einen verblüffenden Weg die etwas rebellischen Jugendlichen zu zähmen. So zieht er Lottes Wohlwollen in solchem Maße auf sich, dass er ein Quasi-Familienverhältnis mit ihr und ihrer Tochter Anna (genannt *Aniouta*, später *Aniou*) geschaffen hat, sodass er sie Fremden gegenüber oft als „meine Mutter" beziehungsweise „meine Schwester" bezeichnet.

Daher kommt, dass ich meinen Schulkameraden sagen konnte, dass ich einen Großvater und drei Großmütter hatte, nämlich *Mutti*, *Mimi* (Magalis Mutter) und Lotte. Als Erwachsener hat mich diese Fiktion gestört. Jetzt leuchtet mir ein, dass mein Vater durch dieses künstliche Schaffen einer anderen Herkunft den tragischen Verlust seiner Eltern überwunden hat.

Lotte 1982

Und nun, wie mir scheint, habe ich meinen Leser lange genug mit dem schräggeschriebenen „*Rémy*" stutzig gemacht. In Le Mans hat er sich dieses Pseudonym angeeignet. Dort hießen nämlich schon zwei andere Erzieher (glaube ich) „Henri", das nahm Überhand. Zur besseren Unterscheidung sollte er sich einen anderen Namen zulegen. Da ist ihm wieder eingefallen, dass jemand ihm während der deutschen Besetzung einen gefälschten Personalausweis besorgt hatte, auf dem er *Henry Rémy* hieß, um bei Kontrollen nicht als Jude aufzufallen.

Von da an wurde er nur noch *Rémy* genannt, auch von seinen Geschwistern und sonstigen Verwandten, die ihn bisher nur als „Henry" kannten. Nur seine Tante Solange machte da eine Ausnahme.

Mit einigen ehemaligen Kindern aus dem Heim in Le Mans wird er später befreundet bleiben. So zum Beispiel mit dem in Rumänien geborenen Gilles Segal, der nachher in der Truppe von Marcel Marceau Pantomimen spielte (ich habe Fotos von Gilles Ségal, *Jacki*, *Mutti* und mir auf den berühmten Hamburger Landungsbrücken, als Marceau in Hamburg gastierte), später Schauspieler, Regisseur und Autor wurde.

Dagegen hatte er alle Verbindungen zu UJRE-CCE-Kindern abgebrochen. Grund dafür ist wohl, dass er sich somit nicht an die Zeit zu erinnern brauchte, wo er mir Dir zusammen wirkte, *Maman Grète*.

Wie es in *Rémys* Leben weiterging habe ich schon geschildert, als ich Deine Geschichte erzählt habe. Zum Zeitpunkt Deines Todes hatten wir ihn als Reparatur-Werkstattleiter in der Pariser Niederlassung des Gasapparate-Herstellers Pain gelassen, der seinen Firmensitz in Lipsheim bei Straßburg hatte. Die Marke „Pain" wird in den siebziger Jahren nach Aufkauf durch ihren größeren Elsässer Konkurrenten De Dietrich vom Markt verschwinden.

Anfang der sechziger Jahre, als wir bereits von Paris nach Fontenay-aux-Roses umgezogen waren, wird er beruflich befördert. Ein Handelsvertreter der Firma hat gekündigt und muss ersetzt werden. Dank seiner guten technischen Kenntnisse und bewährten Fähigkeiten fällt die Wahl auf meinen Vater. Einen großen Sektor im mittleren und westlichen Frankreich hat er zu betreuen. Er bekommt einen schönen Dienstwagen, erst einen cremefarbenen Simca Ariane mit rotem Dach, dann nacheinander zwei Peugeot 404, worüber ich sehr stolz war. Das war vielleicht etwas Anderes als unsere alte Citroën-„Ente"!

Mein Vater ist so viel tüchtiger als sein Vorgänger dass er oft in nur drei Tagen pro Woche zu gleichen Verkaufsergebnissen kommt; oft beginnt also sein „Wochenende" am Donnerstag.

Neuer beruflicher Umbruch am 1. Juli 1968, unmittelbar nach den bekannten „Mai-Unruhen". *Aniou*, Lottes Tochter, aus der eine angesehene orthopädische Chirurgin geworden ist, hat sich mit Kollegen zusammengetan, um eine Privatklinik zu bauen und zu betreiben. Sie brauchen einen Verwaltungsleiter, um das Haus zu führen. *Aniou* wählt ihren „Bruder", der vor der anspruchsvollen Aufgabe zögert, schließlich aber zusagt und in bestehenden Kliniken geschult wird.

Auch hier wird er sich bewähren und in diesem Posten bis zu seiner Pensionierung bleiben. Im September 1989, als Magali ebenfalls den Ruhestand erreicht, zieht sich das Ehepaar in seinem südfranzösischen Ferienhaus in Bonnieux zurück. Den ehemaligen Schäferhof hatte Lotte in den sechziger Jahren gekauft und eingerichtet, mit der Absicht, ihren „Sohn" zum Besitzer eines Stückchens Frankreichs zu machen. Für einen symbolischen Kaufpreis hatte sie dem Ehepaar die Immobilie sozusagen geschenkt, als eine Art Vermächtnis. Mein Vater sagte einmal, dass er dort die zehn schönsten Jahre seines Lebens verbracht habe.

Während seiner letzten Jahre steht das Gedächtnis der Judenverfolgung bei ihm im Mittelpunkt. Endlich akzeptiert er, eine Pension für das von ihm in den Lagern Erlittene zu beantragen. Er trifft sich mit anderen Überlebenden, liest viel über das Thema, traut sich, seine Geschichte zu erzählen, tritt seinen jüdischen Verwandten polnischen Ursprungs wieder näher.

Als er mir eines Tages von seinen zahlreichen Onkeln und Tanten erzählte, sagte ich zu ihm: „Warte, ich nehme ein Blatt Papier und einen Bleistift". Auf einem DIN-A4-Bogen habe ich Kästchen gezeichnet und sie mit Namen und Daten versehen, die er mir nannte, als Anfang für einen Stammbaum. Ich dachte daran, dass er wohl bald verschwinden würde, und somit „eine Bibliothek verbrennen" würde. Ich spürte dann den Drang, ihn zu vertreten und die „Mahnpflicht" zu übernehmen. So haben meine Forschungen im Rahmen der Familiengeschichte begonnen.

Ob die Last seiner Vergangenheit zu schwer zu tragen war? War es eine Folge seines üppigen Tabakkonsums? Als ich mit Frau und Kind während der Sommerferien 2000 in Bonnieux ankomme, nimmt uns Magali beiseite und sagt zu mir: „Dein Vater hat Krebs." Bums, kalte Dusche. Sie haben gerade die Diagnose nach einer MRI-Untersuchung erhalten. Hoffnungslos: Bauchspeicheldrüse, Metastasen an der Leber. Danach chemische Behandlung, Krankenhaus, Endphase, künstliches Koma unter Morphium, solange das tüchtige Herz durchhält.

Kurz vor Mitternacht am Dienstag, dem 28. November 2000, erlischt er in Apt, erst siebenundsiebzig Jahre alt.

Während seiner letzten Tage bei Bewusstsein, war ich an seinem Krankenbett gewesen und wir hatten ein sehr inniges gegenseitiges Verständnis und Liebhaben, stärker als je zuvor. Früher fühlte ich immer eine gewisse Behinderung, ein Unverständnis, einen Abstand, sein sehr kritisches Urteil über mich, ich konnte ihn seit langem nicht mehr „*Papa*" nennen.

Vielleicht erinnerte ich ihn zu sehr an diese Vergangenheit, die er vergraben wollte, Eure Liebe, Euer Zusammenleben, Dein Leben, Dein Lächeln, *Maman Grète*. Auf mich übertrug er die Zweideutigkeit seiner Ansicht Deutschlands, für ihn ein ebenso bewundernswertes wie abscheuliches Land. Er betrachtete mich als „der Deutsche in der Familie", als eine „Würstchenhaut". Daneben sprach er abschätzend von den „*Chleuhs*[26]".

Das alles hatte mir immer ein unwohles Gefühl hinterlassen. Aber im Krankenhaus war nichts mehr davon übrig geblieben. Wir waren versöhnt.

---

[26] Name eines bei der Eroberung Marokkos bekämpften kriegerischen Stammes, der in der französischen Umgangssprache als eines der Schimpfwörter gegen Deutsche angewendet wird (Aussprache: „*Schlöh*").

Lajzer und Rojzla

Die Geschichte von *Rémys* Eltern ist nicht leicht nachzuvollziehen. Da habe ich fast mehr offene Fragen als Antworten.

Etwas mehr weiß ich über meine Großmutter, die am Dienstag, dem 27. Februar 1900, als Rojzla Popiolek (Kosenamen *Roizel, Roizele*) in der *Ulica Żabia* (Froschstraße) in Włocławek an der Weichsel (deutscher Name: Leslau) geboren wurde. Der Nachname „Popiolek" ist polnisch und soll eine Verkleinerungsform von „Asche" sein, wie mir eines Tages ein polnischer Kollege verraten hat.

Ihr älterer Bruder, Mojsze Icek, was bereits knapp zwei Jahre vorher geboren. Der Vater, Wolf (*Wolek*) ist sechsundzwanzig Jahre alt. Man sagt, er sei öfter in der Synagoge oder beim Ausruhen als bei seiner Arbeit, die darin besteht, einen kleinen Marktkarren mit Fisch und Gemüse bis zum alten Markt, dem *Stary Rynek* zu schieben. Die Tüchtige ist die Mutter, Ruchla (*Ruchel, Ruchele*, in Frankreich), geborene Siarka (soll „Schwefel" bedeuten), fünfundzwanzig, wie ihr Ehemann aus dieser Stadt stammend. Die Familie wird kinderreich.

Es werden dann nur noch Knaben geboren: 1901 Aleksander (*Sender, Alexandre* in Frankreich, dem ich meinen zweiten Vornamen verdanke), 1903 Hersz (*Henri* in Frankreich), 1904 Beer (*Bejek*), 1906 Abram (*Avrum, Albert* in Frankreich), 1907 Nussen Joseph (*Nathan* in Frankreich), 1909 Jakob (*Yankel, Jacob* oder *Jacques* in Frankreich), und der letzte im Jahre 1911, Nachman.

Hoppla, das macht neun Geschwister insgesamt! Nicht faul um die Ehepflicht auszuüben war der Urgroßvater, wie alle schön frommen Ehemänner. Als einziges Mädchen hilft Rojzla der Mutter beim Haushalt und geht nicht wie ihre Brüder in die rabbinische Schule. Deshalb kann sie nicht einmal unterschreiben, wie 1931 in ihrer Heiratsurkunde angegeben.

Hochzeitsbild von Hersz mit seiner Kusine Jeanne 1930:
1. Wolf, 2. Ruchla, 3. Hersz, 4. Jeanne, 5. Sender, 6. Abram, 7. Nachman,
8. Yankel Jakob, 9. Rojzla (nachträglich eingeblendet), 10. Nussen,
11. Mosze mit Sohn David (12), 13. Beer, (in Polen verblieben)

Aber so weit sind wir noch nicht gekommen. Als junge Frau geht sie mit einem hübschen Schneiderjungen aus, Lajzer (*Leiser* in Frankreich). Am 11. November 1918 wird die durch die Sowjetrevolution von der russischen Herrschaft befreite polnische Republik gegründet. Als eine ihrer ersten Glanzleistungen findet sie nichts Besseres, als für einen Krieg zur Unterstützung der Weißrussen gegen die Bolschewiken mobilzumachen.

Nach Ansicht meines Vaters waren in der Zarenzeit die Mitglieder der jüdischen Gemeinde zu sehr verachtet, als das man ihnen die Ehre einer militärischen Einberufung erteilt hätte. Dagegen macht das junge Polen alle ihre jungen männlichen Staatsbürger, Juden inbegriffen, zu Rekruten.

Viele jungen Leute wollen es sich aber nicht gefallen lassen und begehen Fahnenflucht. Lajzer ist einer von ihnen. Mojsze Icek, Rojzlas großer Bruder, wahrscheinlich ebenfalls. Warum ich es so ausdrücke, werden wir später sehen.

An diesem Punkt der Geschichte angelangt, kann ich nicht sagen, ob Lajzer und Rojzla, verlobt, religiös verheiratet oder amtlich nichts zueinander sind. Wie dem auch sei, reißen beide aus und verlassen das Land nach Westen. Ihr Ziel ist Paris. Warum diese Stadt? Ebenso wie viele Auswanderer haben sie vor ihnen ausgereiste Verwandte als Stützpunkt vorgesehen.

Und tatsächlich hat Ruchla, geborene Siarka (soll „Schwefel" bedeuten), einen Bruder, einen Schneider, der sich seit mehr als zwanzig Jahren als Alexandre Sciarke in Paris niedergelassen hat. Mit seiner ebenfalls aus Włocławek stammenden Ehefrau Adèle haben sie drei Mädchen und einen Jungen, dazu – glaube ich – ein früh verstorbenes, herzkrankes Mädchen, alle in Paris geboren. Ein letztes Mädchen werden sie 1920 bekommen. Sie sind mehr oder weniger Brückenkopf und Zentrum aller jüdischen Eingewanderten aus Włocławek in Paris und sind in der Führung der Hilfswerks „Gesellschaft der Freunde von Włocławek" aktiv.

Gemäß in der Familie herumlaufenden Erzählungen, soll sich mein Großelternpaar aus Geldmangel unterwegs in Deutschland aufgehalten haben, vielleicht in oder bei Berlin, vielleicht bei einem General, wo sie vielleicht als Gärtner und Köchin gearbeitet hätten, und gut behandelt worden wären. Dies alles mit dreifachem Konditional und Pinzette.

Ohne Einreisepapiere, und weil sich Lajzer wegen Fahnenflucht von den Polen gesucht wähnte, sagt man, dass sie die französische Grenze illegal passiert hätten, und vielleicht dabei von ihren Helfern geplündert worden seien.

Fest steht, dass sie eines schönen Tages um 1920 in der kleinen Onkelwohnung in Paris 3, in der *Cité Dupetit-Thouars*, landen. Man erzählt, es hätte darin ein großer Sessel gestanden, in dem alle Ankömmlinge ihre erste Nacht verbracht hätten. Über welche Wege sie eine Wohnung im 4. Stadtbezirk, in der *Impasse Putigneux* erhalten, wo sie bei Camilles Geburt angemeldet sind, entzieht sich meiner Kenntnis[27].

Was ich dagegen weiß, ist dass sie Aufenthalts- und Arbeitspapiere benötigten, um sich niederzulassen. Es ist ihnen zu Ohren gekommen, dass es ein weißrussisches Exilkonsulat gab, wo sich die von der Oktoberrevolution Vertriebenen anmelden konnten, auch bei abhanden gekommenen Papieren. Diese Möglichkeit haben sie ausgenutzt.

Es gab jedoch eine Hürde: Lajzer fühlte sich immer noch von den Polen gesucht und wollte deshalb nicht seine echten Personalien angeben. Dem Leser is vielleicht aufgefallen, dass ich bisher seinen Nachnamen nicht genannt habe. Mein Vater meinte, sein Vater hätte sich gerne einen typisch französischen Namen zugelegt, um sich besser mit der örtlichen Bevölkerung zu vermischen, aber dass er keinen gewusst hätte. Deshalb hätte er einen Namen gewählt, der so weit von seinem ursprünglichen Polnischen gewesen wäre, wie möglich. Der Beamte hätte notiert, was er von Lajzers Kau-

---

[27] Ausgerechnet genau an der Stelle dieser nicht mehr existierenden Sackgasse befindet sich im 21. Jahrhundert die Pariser Shoah-Gedenkstätte.

derwelsch verstanden hätte, und daraus wäre „Stermann" entstanden.

Diese Fassung erscheint mir wenig glaubhaft, denn weshalb sollte ein Russe oder ein für die Russen arbeitender Franzose nach deutscher Art den letzten Buchstaben vordoppelt haben? Ich stelle mir eher vor, dass er diese Namensform in Deutschland aufgegriffen hat, vielleicht von dem besagten Wohltäter.

Rojzla hat sich dagegen unter ihrem echten Nachnamen „Popiolek" gemeldet, aber aus ihrem Vornamen (der „Röslein" bedeutet) ist *Rachel* geworden (eigentlich der Vorname ihrer Mutter, Ruchla). Und beide mussten als weißrussische Vertriebene gelten, deshalb haben sie ihren Geburtsort in Charkov (heute Charkiv, Ukraine) umgeändert, in vielen französischen Unterlagen fälschlich *Karkoff* buchstabiert.

Er gibt als Vornamen *Leiser* an, in manchen französischen Dokumenten wird er *Lazare* genannt. Bisher habe ich die polnische Schreibweise benutzt, aber ich habe überhaupt keine Gewissheit, dass es richtig sei.

Mein Vater meinte, dass sie ein höheres Alter angegeben hätten, als in Wirklichkeit. Für seine Mutter hatte er recht, denn in Frankreich galt sie als am 10. Mai 1898 geboren, also fast zwei Jahre älter als im polnischen Meldebuch verzeichnet, wie aus meinen Forschungen hervorgeht.

Da mein Großvater mit einem Geburtsdatum am 1. Oktober 1896 versehen war, wenn er eine ähnliche Verschiebung getätigt hat, dann dürfte er vielleicht in der Tat im Jahre 1898 geboren sein. Ohne Gewähr, natürlich.

Und warum ich es nicht besser weiß? Weil sich mein

Großvater in solchem Maße vor den polnischen Behörden fürchtete, dass er nie seine richtigen Personalien hat verraten wollen, auch seinen eigenen Kindern nicht. Er soll sowieso überhaupt wenig gesprochen haben, mochte die Vergangenheit nicht erwähnen. War er vielleicht deshalb ein „Leiser", ein Schweigsamer?

Der Leser wird deshalb verstehen, warum meine Familienforschung nicht vorankommt, was seine Ahnen betrifft. Keinen Namen (oder fast keinen, siehe weiter unten die Geschichte seiner Schwester, unter „444 Poplar Street"), Vornamen ungewiss, kein Geburtsdatum, Geburtsort ebenfalls ungewiss, Namen der Eltern vielleicht reine Fantasie, Archivmaterial in Polen teilweise zerstört. Die Spuren sind mächtig verwischt.

In den Jahren nach ihrer Einwanderung wird die übrige Familie meiner nunmehr *Rachel* heißenden Großmutter ebenfalls nach Paris kommen, bis auf Beer. Dieser, Kellner im vornehmsten Café von Włocławek, verheiratet, wird eine letzte Briefserie mit seinem Bruder Hersz im Vorkriegsjahr 1939 wechseln, wo er sich bemüht ihm von Polen aus die nötigen Papiere für einen Reisepass zu beschaffen. Er selbst wolle sich nach Warschau begeben, wo er eine bessere Aussicht auf Arbeit habe. In den Wirren des Krieges ist er samt seiner Frau verschwunden; von ihrem Verbleib habe ich keine Spur finden können. Anscheinend gab es auch keine Kinder.

Was sein älterer Bruder Mojsze Icek Popiolek betrifft, so bezeichnen ihn seine französischen Papiere als *Maurice Popilok*, als russischen Vertriebenen, am 14. Mai 1895 in Odessa geboren. Woraus ich den Schluss ziehe, dass auch er

Polen als Fahnenflüchtling illegal verlassen haben, und über dieselben Wege wie sein Schwager und seine Schwester zu Papieren gekommen sein könnte, wobei er sich als um drei Jahre älter herausgegeben hätte. Oder war er gar der erste und hat ihnen den Weg gewiesen?

Er wird sich jedenfalls, ebenso wie sein Bruder *Alexandre*, während des Krieges verstecken können, um der Verhaftung und Verschleppung zu entkommen.

Und wo ich schon dabei bin, hier ist das Schicksal der übrigen Brüder. Im August 1942 hat sich in der burgundischen Hauptstadt Dijon der Schneider Hersz – wie mir sein Sohn Claude mitgeteilt hat – an der Zonen-Grenzkontrolle verhaften lassen, um seinen jungen Bruder Nachman vor der Festnahme zu schützen. Offensichtlich war die Sache mit dem Reisepass und einer damit verbundenen Ausreise 1939 misslungen. Hersz Popiolek wird in Auschwitz umkommen: Transport Nr. 45 am 11. November 1942 vom Lager Drancy aus.

Nachman seinerseits, der in Lyon Straßenverkäufer geworden war, wurde leider nicht für lange Zeit gerettet. Schließlich ebenfalls verhaftet, gehört er zu den Vermissten des als disziplinarisch geltenden Transports Nr. 73, der nicht nach Auschwitz sondern nach verschiedenen Lagern und Gefängnissen Litauens und Estlands geschickt wurde, nachdem er am 15. Mai 1944 von Drancy abgefahren war. Er hinterlässt eine Witwe, Marguerite („*Tante Margot*"), die aus einer katholischen Familie der Normandie stammt, und einen Pelzhandel betreibt.

Die Brüder *Nathan*, Schneider, dessen in London geborene Frau Cecilia von Drancy aus mit dem Transport Nr. 9

vom 22. Juli 1942 verschleppt und im KZ ermordet wird, und *Jacques*, Frisör und mit einer Pianistin verheiratet, werden beide nach Erhalt einer schriftlichen Melde-Aufforderung in der sogenannten „Massenverhaftung des grünen Scheines" festgenommen und ins Lager Beaune-la-Rolande bei Orléans am 14. Mai 1941 eingesperrt.

Auf jeder Karteikarte ist der Grund ihrer Einsperrung gestempelt: „in der Volkswirtschaft überzählig". Sie arbeiten im Außenkommando beim Landwirt Barnault im Nachbardorf Auxy. Etwa am 6. August 1941 sagt ihnen dieser: „Seht ihr die Güterzüge, die da hinten zusammengesetzt werden? Man flüstert, ihr sollt zum Arbeiten nach Deutschland geschickt werden. Morgen werde ich kurz den Rücken drehen. Wenn ihr gerade dann weg seid, werde ich keinen Alarm geben.

Beide Brüder sind perplex. *Nathan* entscheidet sich für die Flucht. Seine Karteikarte trägt den Vermerk „am 7. August 1941 geflüchtet". *Jacques*, der seinen Frisörberuf in Deutschland gelernt hat, denkt, dass es keinen Unterschied macht, ob er in Frankreich oder in Deutschland arbeiten muss. Er will das Risiko nicht eingehen, auf der Flucht erwischt und erschossen zu werden. Hätte er bloß gewusst, wohin ihn der Transport Nr. 5 vom 28. Juni 1942 verschleppen würde...

Sein Bruder, seinerseits, weiß, dass das sein Jugendfreund aus Włocławek Marcel Dabrowski im nicht allzu fernen Issoudun untergekommen ist, tritt heimlich über die Demarkationslinie in Saint-Florent-sur-Cher und versteckt sich bei seinem Freund und dessen Familie.

Raymonde Jabouille, eine junge kommunistische Widerstandskämpferin versorgt versteckte Juden, die keine Lebensmittelmarken haben, mit Proviant. Sie verliebt sich in meinen Großonkel; sie werden gemeinsam leben und drei Kinder bekommen. *Nathan* erliegt am 30. April 1959 einem Herzinfarkt. Er hat nie wieder heiraten wollen (und können, solange seine Frau nicht gerichtlich totgesagt war), und seine Kinder nicht anerkannt, aus Furcht, alles könnte wieder anfangen und seine Familie eine neue Katastrophe erleben. Raymonde wird noch fast sechzig Jahre weiterleben, sodass ich sie gekannt und mit ihr Informationen ausgetauscht habe. Eine tüchtige, mutige Frau.

Kommen wir zu meinen Großeltern zurück. Kurz vor der Geburt ihres vierten Kindes David – schon wieder ein Junge! – klären sie ihre Lage den französischen Behörden gegenüber, indem sie am Dienstag, dem 17. März 1931 im für die *Rue Bargue* zuständigen Rathaus des 15. Bezirks heiraten

Mit ist nicht überliefert worden, ob sie es aus eigener Initiative taten, oder ob jemand es ihnen geraten hat, damit ihr Sohn diesmal wirklich als ein eheliches Kind geboren wird. So kam es, dass die drei ältesten Söhne mit widersprüchlichen Randvermerken versehen worden sind.

Genau wie ich hat mein Vater die Eltern seiner Mutter jedoch nicht diejenigen seines Vaters gekannt, die meines Wissens nie nach Frankreich gefahren sind. *Leiser* hatte eine Schwester, Esther, die vor dem ersten Weltkrieg in die Vereinigten Staaten ausgewandert ist. Mit diesem Thema werde ich mich im Kapitel „444 Poplar Street" weiter unten näher befassen.

Zu einem mir unbekannten Zeitpunkt, und in Anbetracht

der Hitler-Gefahr in Europa, hat sie der Pariser Familie Stermann Einreisepapiere und Reisegeld zugeschickt.

Mein Großvater fürchtete die Polen, die er oft den Juden gegenüber roh und gewaltsam erlebt hatte. Dagegen bewunderte er die Deutschen, die er viel weiter entwickelt und wohlerzogen fand. Deshalb hatte er vor ihnen keine Angst. *Rachel* und er fühlten sich in Frankreich wohl und wollten nicht erneut in einem anderen Land alles von vorne anfangen. Hätten sie sollen. Sie ziehen es jedoch vor, das Geld für eine neue Möbelausstattung anzulegen (die ihnen leider nicht lange von Nutzen sein wird).

Es kommt der Krieg, die Besetzung, das faschistische Vichy-Regime. Meldevorschrift bei der Polizei; in Ehrfurcht vor den Behörden fügen sie sich. Tragepflicht des schändlichen Judensterns; sie fügen sich. Berufsverbot; unmöglich, zu Hause weiter als Unterlieferant für Bekleidungshersteller zu arbeiten. Die älteren Söhne ernähren die Familie mit Schwarzarbeit.

Am Donnerstag, dem 16. Juli 1942, bei Morgengrauen, lautes Klopfen an der Wohnungstür *Rue Bargue*. Die Eltern sind keine französischen Staatsbürger, sie müssen den französischen Polizisten bis zum nahe gelegenen Winter-Radrennstadion *Vel d'Hiv* folgen. Ihre fünf Kinder bleiben allein zurück. Am nächsten Tag versucht ihr zweitältester Sohn Henry zu erfahren, was aus ihnen geworden ist. Er schleicht sich bis an das Stadion und versucht, sich zu erkundigen. Die Neugierigen werden aber von den Ordnungshütern verjagt.

Ein anderer junger Mann fragt nach der Uhrzeit, denn als religionstreuer Jude darf er wegen des Sabbatbeginns an diesem Freitag nach Sonnenuntergang nicht mehr mit der U-Bahn fahren. Mein Vater gab gerne dieses Beispiel an, um die übermäßige Strenge der religiösen Gebote anzuprangern. Wie konnten sie, in einer derartigen Situation, wichtiger sein als der Verbleib seiner Eltern?

Das Schicksal meiner Großeltern heißt Lager Pithiviers (bei Orléans), Transport Nr. 13 vom 31. Juli (für ihn) beziehungsweise Nr. 16 vom 6. August 1942 (für sie), Endstation Auschwitz und der qualmende Schornstein.

Reiche Hochzeit in Merlebach
oder
Muss man Legenden glauben?

Hier kommt eine ebenso tragische wie aufschlussreiche Erzählung, die meinen Großonkel Abram Popiolek betrifft, der als sechstes Kind in 1906 geboren war. Hier konnte ich eine in der Familie erzählte Sage mit einigen Wahrheits-Bruchteilen vergleichen, die ich erforschen konnte.

Zuerst die Geschichte, wie mein Vater sie erzählte. Sein Onkel Abram hatte in Merlebach, in Lothringen, eine „reiche Hochzeit" gemacht und sich dort niedergelassen. Während der Flucht vor der Wehrmacht bei der Eroberung Frankreichs im Mai-Juni 1940 hat er seine Frau und sein Baby („ein Mädchen, glaube ich") umkommen sehen, wodurch er den Verstand verloren habe.

Nach dem Kriege hat ihn Henry, aus dem noch nicht *Rémy* geworden war, im Pariser psychiatrischen Krankenhaus *Sainte-Anne* besucht. Er erkannte niemanden, sprach nicht mehr. Gab man ihm Nadel und Faden, so mimte er die Näharbeit des Schneiders. Da keine Verständigung möglich war, wurde der Verwandtenbesuch immer seltener. Als später eines Tages mein Vater zu Besuch kam, wurde ihm gesagt, sein Onkel sei nicht mehr im Hause, und man könne ihm nicht sagen, wo er sich befinde. So wusste er nicht, was aus Abram geworden war.

Meine Forschungen waren langwierig und umfangreich. Zu tun hatte ich mit der Bestattungsfirma Berton vom Pariser Südfriedhof in Bagneux, mit dem Standesamt in Freyming-Merlebach, mit der Staatsbibliothek, um an die

Judenverfolgungs-Kartei zu gelangen, mit dem *Sainte-Anne-Krankenhaus* über den Schwiegersohn meines Onkels David, der dort ausübender Psychiater war. Über Telefon und Post habe ich mit der Schwiegerfamilie in Lothringen Verbindung aufgenommen.

Nicht alles habe ich aufdecken können, aber hier sind die Elemente, die ich herausgefunden habe. Abrams Schwiegervater war Herrenschneider in Merlebach, einem Kohlengruben-Gebiet unweit der Saarländischen Grenze. Zusammen durchfuhren sie mit dem Fahrrad die Straßen der Bergarbeiter-Siedlungen und boten den Arbeitern an, für sie maßgeschneiderte Sonntagsanzüge anzufertigen. Diese Beschäftigung verschaffte ihnen einen bescheidenen Wohlstand, beileibe keinen Reichtum. Aus mit der „reichen Heirat".

Anfang 1940, also noch vor der Eroberung Frankreichs, beschließen die Behörden der Grenzgebiete eine amtliche Evakuierung der zivilen Bevölkerung ins Innere des Landes. Einige angeheiratete Verwandte aus Metz gelangen so nach Angoulême im *Département* Charente, andere nach Châtellerault im *Département* Vienne, und die Merlebacher nach Civray, einem kleinen Ort ebenfalls in der Vienne, etwas südlicher.

Soura Riwka

Es stimmt zwar, dass Abram (*Albert*) und Soura Riwka (*Sonia*) ein Kind haben, jedoch ist es ein hübscher kleiner Junge Namens Victor, am Sonntag, dem 8 Januar 1939, in Merlebach geboren. In Civray wohnen sie in einem kleinen zweistöckigen Haus, *Rue du Moulin Neuf* (Neumühlenstraße) 5, inmitten anderer Häuser, etwa drei Jahre lang. Nachbarn aus Merlebach wohnen nebenan.

Die Judenverhaftungen in der besetzten Zone waren in den Augen der Nazis zu wenig ergiebig. Deshalb organisieren die Vichy-Behörden in der „nichtbesetzten" Zone zusätzliche Razzien. Eine davon in Civray Mitte Oktober 1942.

Nichtjüdische Nachbarn schlagen vor, den kleinen Victor, drei Jahre alt, helle Locken, bei sich aufzunehmen. Er weint, strampelt, will seine Mutter nicht verlassen. Er wird also mit ihr und anderen jüdischen Flüchtlingen verschleppt, in Poitiers mit in anderen Ortschaften Verhafteten eingesperrt, dann ab ins Lager Drancy. Von dort aus, Transport Nr. 42 vom 6. November 1942 in den Tod.

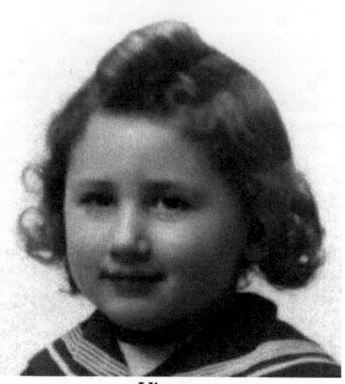

Victor

Es hat mich einige Mühe gekostet, sie auf dem Mikrofilm der Lagerkartei wiederzufinden, denn ihr Name wurde „*Popolick*" buchstabiert.

Popiolek, wie man ihn in Merlebach nannte, galt bereits als „verrückt" als seine Frau und sein Sohn noch am Leben waren. Ein Mitglied aus seiner angeheirateten Verwandtschaft hat mir eines Tages am Telefon mitgeteilt: „*Popiolek*, der war *meschugge*". Einer Aussage nach soll er auf *Sonias* Anfrage in Poitiers wegen Tollwütiger Ausbrüche behandelt worden sein, was ihn vor der Verhaftung bewahrt hätte. Somit ist der Mythos der von der Nazi-Barbarei verursachten Geistesstörung zertrümmert.

Raymonde Jabouille, die Gefährtin seines Bruders *Nathan*, meint, dass er bei der Rückkehr von einer Besorgung die Verhaftung beobachtet habe, ohne sich zu zeigen, und er habe dann versucht seine Brüder in Paris aufzusuchen.

Das Folgende entnehme ich seiner Krankenhausakte, die sich ein meinem Besitz befindet. Ungefähr am 17. Oktober 1942 befindet er sich in der Nähe des Pariser Bahnhofs

Austerlitz, wo unter anderem die Züge aus Poitiers ankommen. Wahrscheinlich hat er Unruhe gestiftet, denn auf Erlass des zuständigen Polizeikommissars wird er ins nahe Krankenhaus Salpétrière eingesperrt. Ein psychiatrischer Einweisungsschein wird am 19. Oktober von Professor Lévy-Valensi unterzeichnet; der Patient wird am Tage darauf in dessen Abteilung im Krankenhaus Sainte-Anne verlegt.

Die Akte räumt alle Zweifel über die Ursache seiner Krankheit aus: „Allgemeine progressive Lähmung". Allein hätte ich es nicht entschlüsselt, aber mein psychiatrischer Vetter hat es mir erklärt. So bezeichnete man damals schamvoll ... das dritte Stadium der Syphilis. Bei seiner Ankunft wird er als gewalttätig, unruhig beschrieben.

Ein Verlegungsschein vom 11. Mai 1952 beschreibt ihn als ruhig, fügsam, stumm und für eine Platzierung in einer Familie in Frage kommend. Er wird ins Krankenhaus der Ortschaft Ainay-le-Château im *Département* Allier verlegt. Bescheinigungen des 6. und 29. Juni 1952: „Allgemeine Lähmung behandelt. Schweigsamkeit, aber scheint Fragen zu verstehen, beantwortet sie mit Kopfzeichen, versteht und führt Befehle aus. Ist ruhig und fügsam."

Durch präfektoralen Erlass des *Départements* Cher vom 27. Dezember 1952 wird für ihn eine amtliche Unterbringung in Chezal-Benoît, einem vom damaligen *Département* Seine (in dem sich Paris befand) unterhaltenen Heim, angeordnet: „Allgemeine Lähmung. Geistige Schwäche. Absolute Schweigsamkeit". Er findet dort am 12. Januar 1970 den Tod durch „terminale Entwicklung" und „Grippezustand" mit seit Oktober andauerndem hohem Fieber.

In der Geschwisterreihe wird Abram Popiolek als letzter

gestorben sein, ohne dass irgendein Verwandter davon Bescheid wusste. Als ich am Telefon Raymonde Jabouille mitteilte, dass der Bruder ihres Gefährten nur siebzehn Kilometer von Issoudun entfernt gelebt hat, ohne dass sie es wussten, war sie ganz erschüttert.

Die Moral dieser Geschichte ist, dass man bei Familienlegenden äußerst vorsichtig sein muss. Oft wird allerhand hinzugedichtet. Was man nicht weiß, das stellt man sich vor, man erfindet einen Roman, der später als die Wahrheit angesehen wird. Eine zähe Wahrheit. Denn auch nachdem sie sie erfahren haben, verbreiten manche immer noch den Roman, der ihnen besser gefällt.

Allerdings verbleiben noch so manche ungelöste Rätsel. Wie entkam Abram tatsächlich der Verhaftung in Civray? Wie konnte er als Jude unbehindert die Demarkationslinie passieren? Wie konnte er während der Besetzung Frankreichs die ganze Zeit als Jude und unheilbar Geisteskranker in Sainte-Anne bleiben, während doch die Nazis ungeniert Krankenhäuser räumten, und da sogar Professor Lévy-Valensi in Auschwitz umgebracht wurde?

444 Poplar Street

Lass uns die Verwandtschaft meiner Großmutter väterlicherseits verlassen und auf meinen Großvater *Leiser* zurückkommen. Ich werde nun eine der größten Freuden erwähnen, die mir die Familienforschung besorgt hat, die aber auch zu meinem größten Bedauern beiträgt.

Ich gehe wieder davon aus, was mir mein Vater erzählt, als ich das besagte DIN-A4-Blatt vorbereite, aus dem sich meine gesamte Familienforschung entwickeln wird. Dabei erzählt er mir, dass er eine Tante in Philadelphia hatte, eine Schwester seines Vaters, die mit ihm einen Briefwechsel führte.

Und da ich an jenem Tage anfange, mich ernsthaft für die Familiengeschichte zu interessieren, fange ich an zu bedauern, dass ich im Juli-August 1968 nicht auf ihn gehört hatte, als ich in meinen Schulferien als Deckshelfer auf einem Hapag-Frachter[28] zur nordamerikanischen Ostküste gefahren bin, und er mir gesagt hatte, sollte ich nach Philadelphia kommen, so sollte ich versuchen, mit seiner Tante Verbindung aufzunehmen. Mit dem Hapag-Motorschiff „Nürnberg" hatten wir zwar diesen Hafen bedient, jedoch war ich damals mit sechzehn Jahren zu schüchtern und für diese Ermittlung zu wenig motiviert.

Na ja, das ist Vergangenheit. Wie ich es oft sage, seine Zukunft kann man verändern aber seine Vergangenheit

---

[28] Hamburg-Amerika Packetfahrt-Actiengesellschaft, etwa 1970 durch Fusion mit dem Norddeutschen Lloyd, Bremen, zur Hapag-Lloyd AG geworden.

nicht. Außerdem habe ich neuerdings erfahren, dass diese Tante 1965 verstorben war, drei Jahre zuvor.

Also erzählt mir mein Vater die oben im Kapitel *Lajzer und Rojzla* bereits kurz geschilderte Geschichte seiner Tante aus Philadelphia, der Reisepapiere und so weiter. Und er sagt mir, dass er während all dieser Jahre die Anschrift in Erinnerung behalten hatte, die auf der Rückseite der Umschläge aus den USA geschrieben stand: *Goldman, 444 Poplar Street* in Philadelphia. Als Nachspiel in dieser Geschichte erzählte er mir, dass Nachbarn in der *Rue Bargue* berichtet hätten, bei der Befreiung von Paris sei ein US-Soldat vorbeigekommen und habe nach der Familie Stermann gefragt. Man habe ihm geantwortet, dass sie alle verschleppt und verschwunden seien.

Am Ende seines Lebens war *Rémy* immer schärfer darauf geworden, das Geheimnis seines Nachnamens aufzudecken. Er meinte, dass die Tante aus Philadelphia ihrerseits kein Interesse daran gehabt hatte sich zu verstecken, und dass die Familie Goldman den Schlüssel zum Rätsel liefern könnte.

Deshalb habe ich die Spur aufgenommen. Die Aufgabe war nicht leicht: ein sehr häufiger Nachname, keine Vornamen (dass die Tante Esther hieß, wusste mein Vater nämlich nicht mehr), eine Anschrift zu einem ungefähren Zeitpunkt, etwa zwischen beiden Weltkriegen. Als Erstes habe ich direkt mit Suchmaschinen im Internet nach gezielten Schlüsselworten gesucht. Viel zu viele Goldmans habe ich gefunden, jedoch keine an dieser Anschrift. Und dann fiel mir ein, die Suche umzukehren.

Und wenn die dort drüben nach uns suchen sollten? Ich habe meine Homepage im WWW erstellt (michel.stermann.free.fr), mit einem dreisprachigen Text, der die besagte Geschichte erzählt, mit einigen Fotos und der Frage: „Wer weiß etwas? Suche nach amerikanischen Verwandten!" Schlüsselworte habe ich derart in den HTML-Code eingebaut, dass meine Verwandten größtmögliche Aussichten haben, mit Suchmaschinen auf meine Homepage zu stoßen.

Gleichzeitig habe ich auf spezialisierten Internet-Diensten geforscht, für Familienforschung zum Beispiel, habe auf einem auf Suche nach Holocaust-Vermissten ausgerichteten israelischen Webdienst inseriert, auf Foren Fragen gestellt, einen Suchbogen des Internationalen Roten Kreuzes ausgefüllt und eingesendet, und so weiter.

Viele Kontakte sind daraus hervorgegangen, oft nett und interessant, aber jahrelang nichts Konkretes. Meine Homepage brachte zumindest den großen Nutzen, dass ich nur einen Link zu senden brauchte, anstatt bei jedem Austausch die Story wieder von vorne erzählen zu müssen.

Kurz und bündig, hier ist eine Zusammenfassung der Zusammenhänge, die mich zum Erfolg geführt haben. Eine deutsche Dame, freiwillige Suchhelferin für vermisste Personen, hat mein Inserat bemerkt und sich meiner Sache angetan. Nach umfangreichem Austausch hat sie mich auf ein sehr lebendiges, auf Familienforschung in Philadelphia ausgerichtetes Forum hingewiesen. Dort habe ich meine Frage gestellt. Ein erster Freiwilliger hat mir eine abgebildete Telefonbuchseite mit einem „M. Goldman" und der richtigen Anschrift zugeschickt.

Erster Sieg: ich wusste, dass sich mein Vater nicht geirrt hatte, und dass der Vorname seines Onkels mit „M" anfing.

Dann erhielt ich eine Seite aus der gerade freigegebenen Volkszählung von 1930, mit Meyer Goldman, seiner Frau Esther, ihren Kindern Louis, Franck und Dora, 444 Poplar Street. Nun wusste ich die Zusammensetzung der Familie.

Erfolglos habe ich per Post alle Frank Goldmans angeschrieben, die ich im On-Line-Telefonbuch für Philadelphia finden konnte, mit dem Gedanken, dass Louis zu alt war, um noch zu leben, und Dora durch Heirat einen neuen Namen hatte. Neue Wartezeit.

Dann ist eine berufliche Familienforscherin in dem Forum aufgewacht, und hat sich daran erinnert, dass sie einen Teil ihrer Kindheit in Paris verbracht hatte. Da wurde ich für sie interessant, wir tauschten uns über Paris und die französische Sprache aus. Später setzte sie sich in Bewegung und entdeckte die Heiratsurkunden der drei Kinder, und daher Doras Nachnamen: Chant. Und da es weniger Chants als Goldmans in Philadelphia gibt, habe ich Doras jüngsten Sohn im Telefonbuch gefunden und angerufen. Seine Frau nahm ab, nichtsahnend, erst die Poplar-Street-Adresse zündete einen Funken, ebenso wie der Name Frank Goldman, und somit war im Jahr 2003 der Kontakt mit den amerikanischen Verwandten hergestellt.

Rémys Tante und Onkel aus Philadelphia

Ein Jahr später habe ich sie mit meinem Sohn besucht und die überlebenden Verwandten kennengelernt. Dora war leider verstorben, aber Frank und sogar der noch ältere Louis (oder Lewis) waren, fast neunzigjährig, noch am Leben. Wir haben sie und ihre Abkömmlinge getroffen.

Nebenbei bemerkt: keiner von ihnen suchte uns. Der folgenden Generation war sogar nicht bekannt, dass es einen französischen Zweig in der Familie gab. Wir haben auch nie feststellen können, wer der amerikanische Soldat gewesen sein könnte, der sich in der *Rue Bargue* erkundigt haben soll, nicht einmal ob dies überhaupt stattgefunden hat.

Bleibt die Frage unseres echten Familiennamens. Einen Hinweis hatte mein Vater schon 1965 im Pariser Bagneux-Friedhof beim Begräbnis seines Bruders Camille erhalten. Es waren Vertreter des Hilfswerks der „Freunde von Włocławek" anwesend, dem das Grab gehörte. *Rémy* hatte sie gefragt. Jawohl, zwei von ihnen hatten damals in der Heimat den Jungen gekannt, mit dem Rojzla Popiolek ausging. Wie hieß er bloß noch? Schulamowitsch; nein,

Schulimwitsch; nein, Schlamowitsch, und so weiter. Er stamme, so sagten sie, aus einer dort als ehrbar bekannten Familie.

Auch wusste ich, dass das einzige Mal, wo mein Vater seinen Vater hat weinen sehen, dies beim Empfang eines Briefes war, der den Tod des Großvaters meldete. Ich habe keine genaue Vorstellung des Zeitpunkts, vor dem zweiten Weltkrieg, natürlich. Es hatte sich auch in der Familie Popiolek herumgesprochen, dass dieser Großvater sehr fromm gewesen sei. Wenn es stimmt, warum war es dann bei Leiser überhaupt nicht der Fall?

Mit all diesen Fragen bin ich nach Philadelphia gereist. Als ich Lewis und Frank nach den Mädchennamen ihrer Mutter fragte, konnten sie sich nicht mehr daran erinnern. Als ich „Schulamowitsch" vorschlug, meinte Frank: „Ja, so in der Art." Bei meinen amerikanischen Verwandten fand sich ein Familienfoto vor, mit den Eltern, Esther als junge Frau, Lajzer (wenn er tatsächlich so hieß) als Jugendlicher und ein kleines Mädchen, wahrscheinlich eine Schwester, von der ich nichts gehört hatte.

*Das in Philadelphia vorgefundene Foto:
Rémys Vater und Tante mit Eltern und unbekannter Schwester*

Einziger Kommentar von Frank und Lewis: „Das Bild kommt aus Europa." Der Name Włocławek sagte ihnen nichts; in Polen kannten sie nur Warschau.

Bleibt ein Dokument das ich bisher nicht erwähnt habe: die Passagierliste des Dampfschiffes „Armenia" der Hapag, mit Ankunft in Philadelphia am 27. Dezember 1913. Dort steht Nachman Schlakar (der ursprüngliche Name von Meyer Goldman, in Bessarabien, heute Moldawien, geboren) mit seiner Frau Esther, ohne Mädchenname. Herkunft: Warschau. In der Heimat hinterlassene Person: Itzig Schulimowitz, Freund, Warschau.

Überraschend, dieser Name. Könnte der „Freund" des Ehemanns nicht ein Verwandter der Ehefrau sein? Aber nichts ist sicher, in diesem Stadium. Ein oder zwei Jahre später erhalte ich eine E-Mail-Meldung von Ellen, der ältesten Tochter von Lewis Goldman. Sie hat Notizen von ihr wiedergefunden, die aus einer Zeit stammten, wo sie mit Hilfe ihres Vaters (der damals noch einen klaren Kopf hatte) einen Stammbaum begonnen hatte. Als Mädchenname für ihre Großmutter hatte sie „*Schulamovitch*" notiert. Diesmal bin ich sicher. Zwei völlig unabhängige Quellen haben die gleiche Information geliefert: die Alten an Camilles Grab und die amerikanischen Verwandten.

Und mein größtes Bedauern, wird der aufmerksame Leser fragen? Na, dass mein Vater im Jahr 2000 verstorben ist, bevor ich in meinen Forschungen fündig werden konnte. Ich tröste mich wie ich kann, indem ich mir sage, dass er immerhin einen Hinweis auf den richtigen Namen besaß, wenngleich ohne Gewissheit, und sowieso konnte ich unsere Verwandten nicht wiederfinden, bevor die Volkszählung von 1930 veröffentlicht wurde.

Bleibt, dass ich nach den Ahnen dieses Großvaters – also einem Viertel meiner Vorfahren – nach wie vor nicht forschen kann. Der Vorname ist ungewiss, die Rechtschreibung des Nachnamens unsicher, ich habe kein Geburtsdatum, ich weiß nicht, ob in Włocławek, Warschau oder woanders geboren. Das sind viel zu wenige Anhaltspunkte.

Um das Kapitel mit einem Schuss Humor zu schließen, widerstehe ich nicht der Versuchung, einen der Lieblingswitze *Rémys* zu zitieren, über den sich meine Verwandten gut amüsiert haben, unter Berücksichtigung, dass Nachman Schlakar sich „drüben" in Meyer Goldman umbenennen ließ. Die Szene spielt sich auf Ellis Island ab. Jüdische Einwanderer aus Osteuropa stehen Schlange, um in die USA einreisen zu dürfen. Einer von ihnen sagt zu seinem Nachbarn:

„Ich habe einen besonders auffällig jüdischen Nachnamen. In diesem Land möchte ich mir gerne einen richtigen amerikanischen Namen zulegen, um ein neues Leben anfangen zu können, ohne lächerlich zu sein. Leider kenne ich aber keinen, könnten Sie mir bitte einen vorschlagen?"

„Sagen Sie doch ‚Rockefeller' ", sagt der Andere.

„Welch ein seltsamer Name! So einen werde ich mir aber nie merken können!"

Nach langem Warten ist unser Mann an der Reihe. Als der *Immigration Officer* ihn nach seinem Namen fragt, schlägt er sich mit der Hand auf die Stirn und ruft aus (auf Jiddisch): „*Oi, shoin fargesen!*" (Ach, schon vergessen!). In aller Ruhe schreibt der Beamte ...: „John Ferguson".

Abschluss

So, *Maman Grète*, das war es, was ich über Dich, Deine direkten und angeheirateten Verwandten erzählen wollte. Natürlich ist es oft nur zusammengefasst, aber das Wesentliche aus den mir bekannten „außergewöhnlichen Geschichten" befindet sich darunter.

Für diejenigen, die alle Vorfahren wissen möchten, die ich gefunden habe, habe ich alles im *World Wide Web* durch den Ahnenforschungs-Dienst *www.geneanet.org* zugänglich gemacht und ich halte es laufend aktuell. In meinen Ausführungen habe ich mich bemüht, offen und ehrlich zu sein, jedes Unklare oder Übertriebene zu vermeiden, ohne meine Kenntnislücken beziehungsweise Vermutungen zu vertuschen. Auch kann ich leicht über Facebook gefunden und erreicht werden.

Mir ist bewusst, dass diese Erzählungen viele Dramen und Leiden enthalten. Ich hoffe, dass sie den Leser nicht übermäßig erschüttern, und dass er darin Interesse gefunden haben wird, ebenso wie der Historiker.

Denn Ahnen- und Familienforschung gehören meines Erachtens zu den Geschichtswissenschaften, als ihr privater Zweig, sozusagen. Das Werkzeug ist ähnlich: Zeugenaussagen, schriftliche Unterlagen, Forschungen, Analysen, und so weiter. Beide Wissenschaftszweige sind ineinander verkappt, ernähren sich gegenseitig.

Und mir scheint, die sowohl für Historiker als auch für Ahnenforscher unentbehrlichen Eigenschaften sind die Gleichen: Ehrlichkeit, Genauigkeit, Ausdauer, Vorsicht vor Legenden und vorgefertigten Ideen, Fähigkeit zum Entziffern, zum Dekodieren, zum Verstehen.

Selbst wenn es keine „Objektivität" geben kann. Denn ebenso wie beim Historiker ist meine Arbeit notgedrungen von meinen Gefühlen, meiner Kultur, meinem Interesse gefärbt.

Im Einklang mit den Idealen meiner Vorgänger innerhalb der Familie, spreche ich abschließend den Wunsch aus, dass die Menschheit vernünftiger werde, sodass sich die hier erwähnten Schrecklichkeiten nicht wiederholen. Die Gegenwart scheint mich vorerst nicht zu erhören, aber sollte man deshalb die Hoffnung auf eine bessere, menschlichere Welt aufgeben?

DOKUMENTE

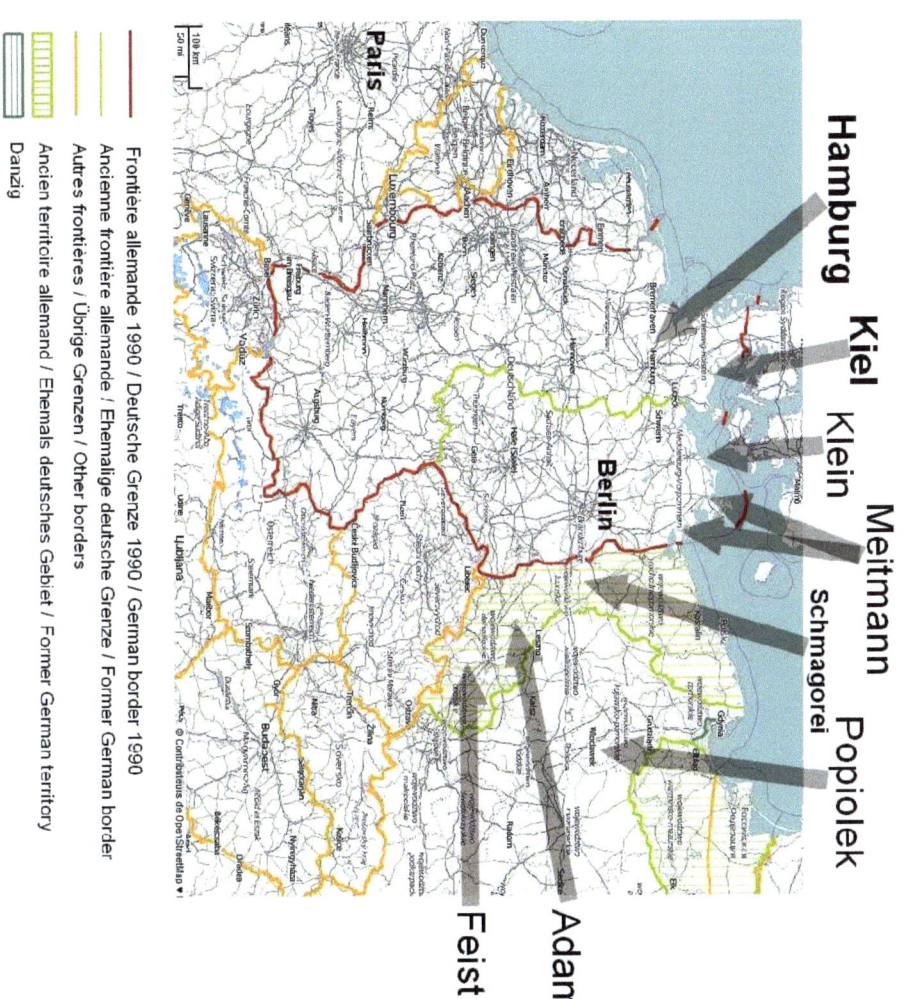

1. Karte der Familienheimaten

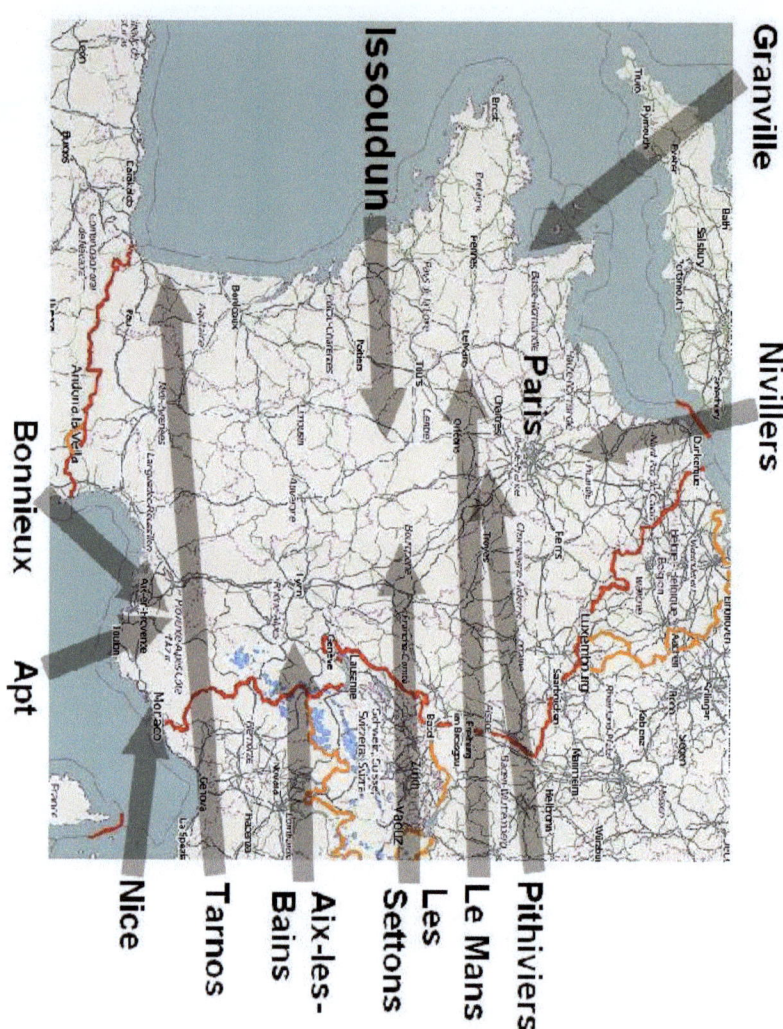

2. Karte der wichtigsten genannten Orte in Frankreich

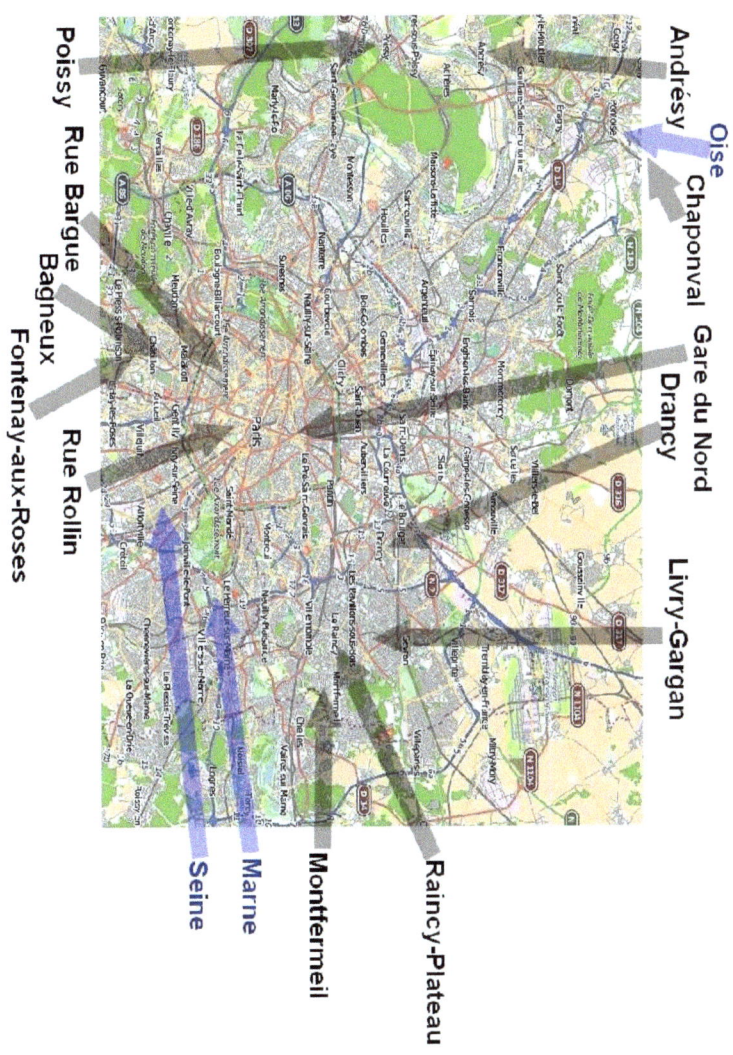

3. Karte der wichtigsten genannten Stellen in und bei Paris

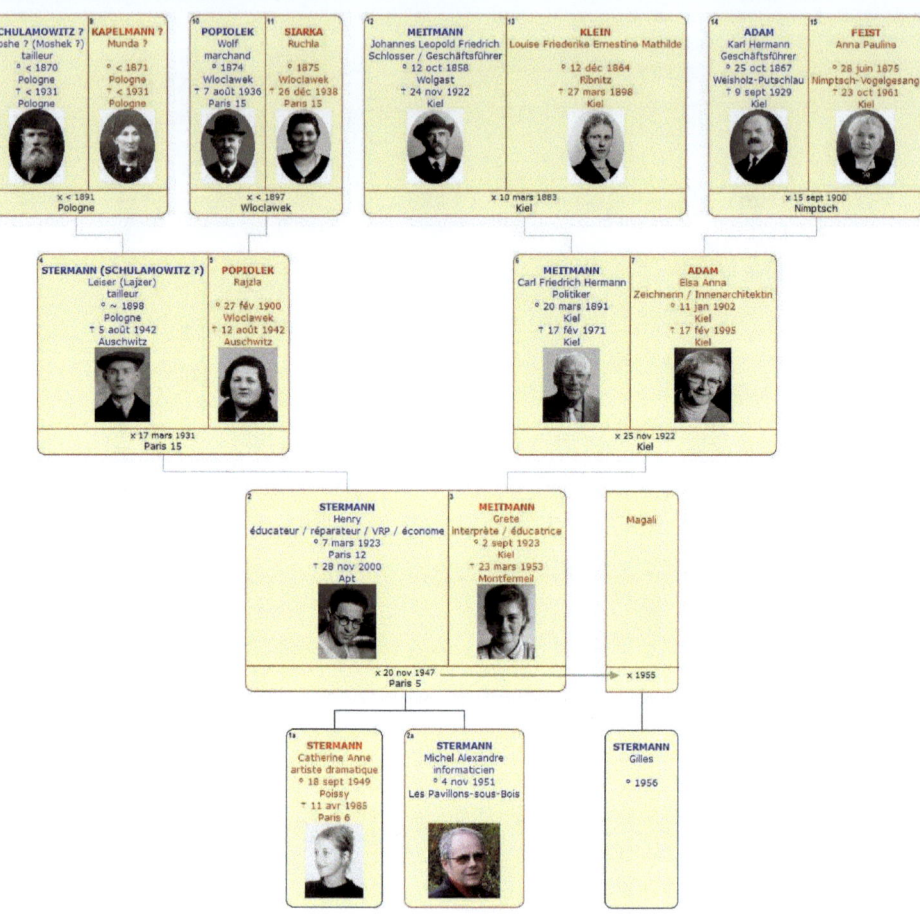

4.Stammbaum mit 4 Generationen

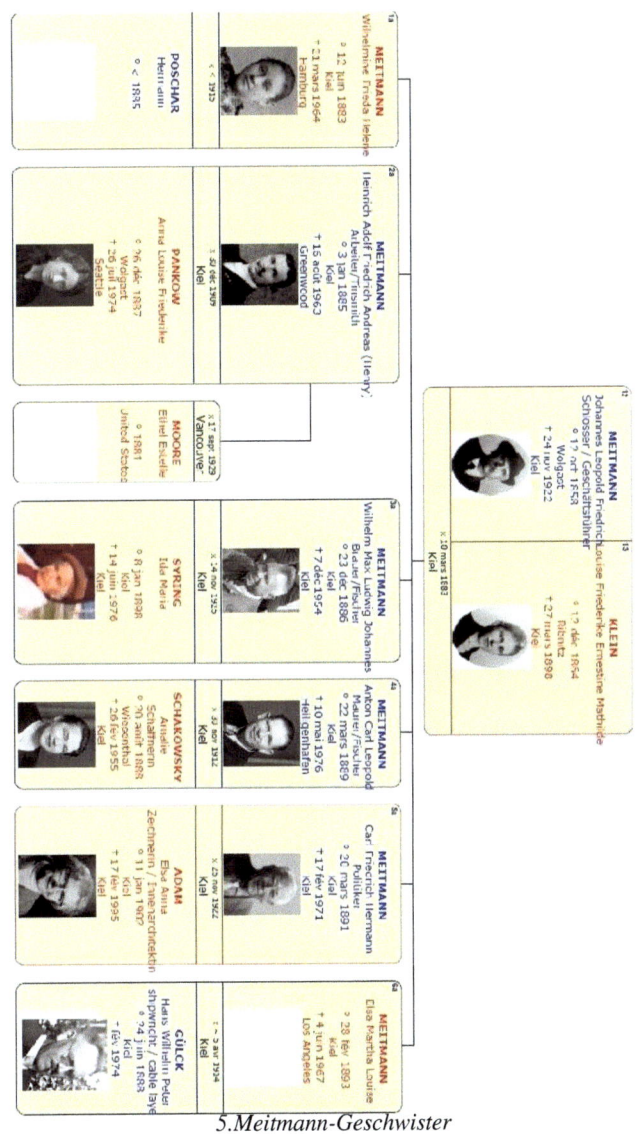

5.Meitmann-Geschwister

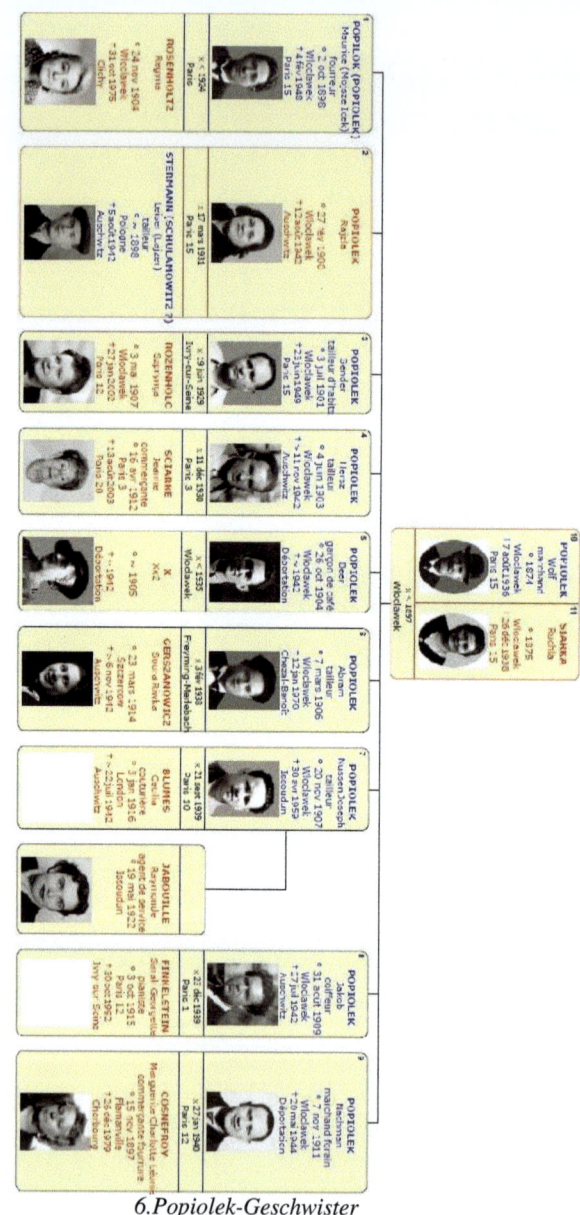

6.Popiolek-Geschwister

7. Lager-Karteikarte Drancy, Henry Stermann

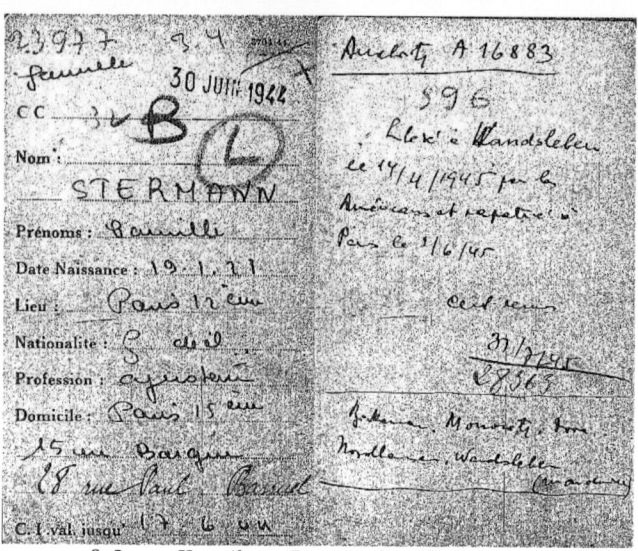

8. Lager-Karteikarte Drancy, Camille Stermann

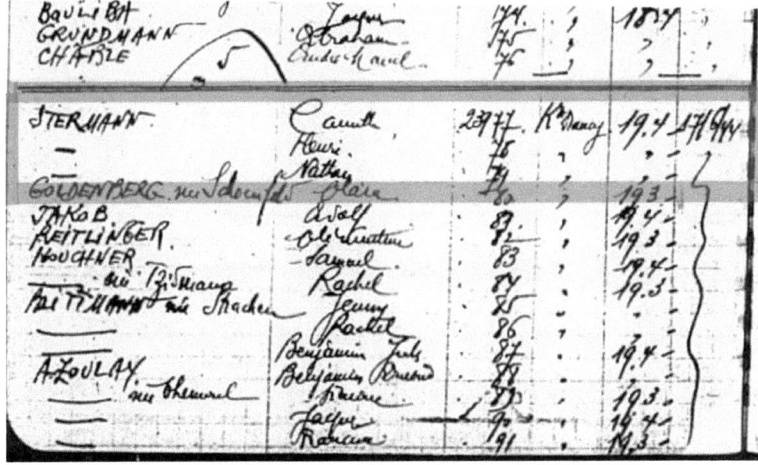

9. Lager-Karteikarte Drancy, Nathan Stermann

10. Auszug aus Lager-Eingangsbuch Drancy vom 17. Juni 1944

11. Beleg für Geldabgabe Drancy 17. Juni 1944

NOM : S T E R M A N N
PRÉNOMS : Leiser
Date et lieu de naissance : 1/10/96 à KHARKOFF
N° du Dossier juif : 37182
SEXE : masc
NATIONALITÉ : rér russe
PROFESSION : tailleur sal
ADRESSE : 15 r Bargue PARIS 15°

SITUATION de famille : marié
CONJOINT : juive

	Prénoms	Date et lieu de naissance	Nationalité
ENFANTS de moins de 15 ans et à charge	NATHAN	1927	Frse
	DAVID	1931	Frse
	MONIQUE	1936	Frse

INFIRMITÉS :

SERVICES de GUERRE :

SITUATION administrative de l'étranger : arrété le 16.7-42

N° du casier central : 97115
REMARQUES PARTICULIÈRES :

265-E — Imp. Chaix (B). — 1591-41

12. Polizeiliche Karteikarte, Leiser Stermann

13. Karteikarte, Leiser Stermann

14. Lager-Karteikarte Pithiviers, Leiser Stermann

15. Lager-Karteikarte Pithiviers, Rachel Stermann

16. Lager-Karteikarte Drancy, Hersz Popiolek

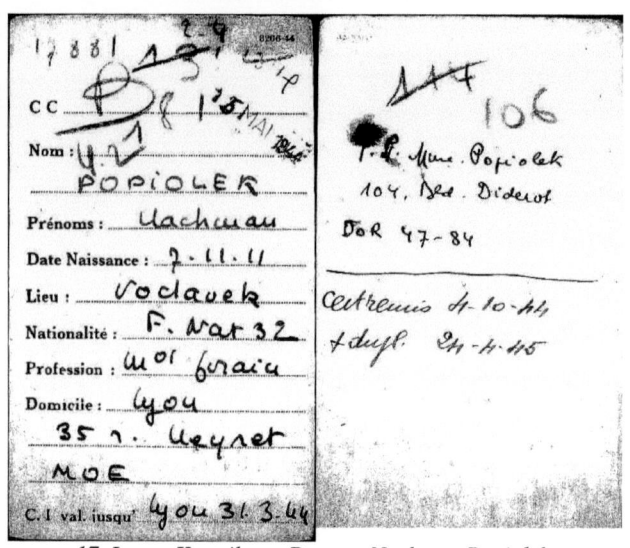

17. Lager-Karteikarte Drancy, Nachman Popiolek

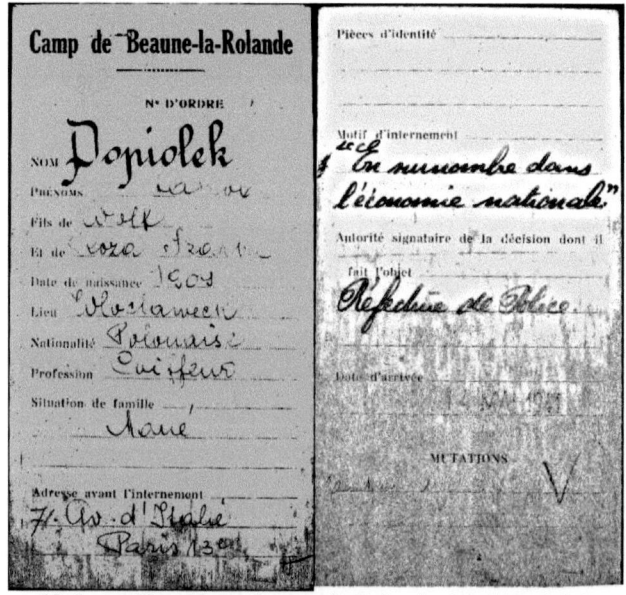

18. Lager-Karteikarte Beaune-la-Rolande, Jakob Popiolek

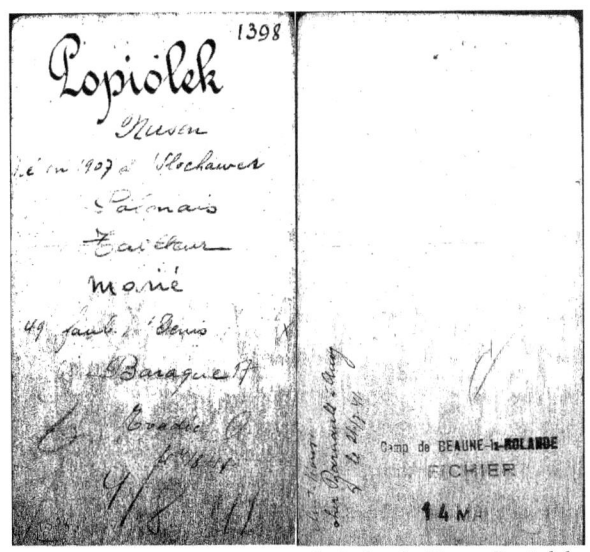

19. Lager-Karteikarte Beaune-la-Rolande, Nusen Popiolek

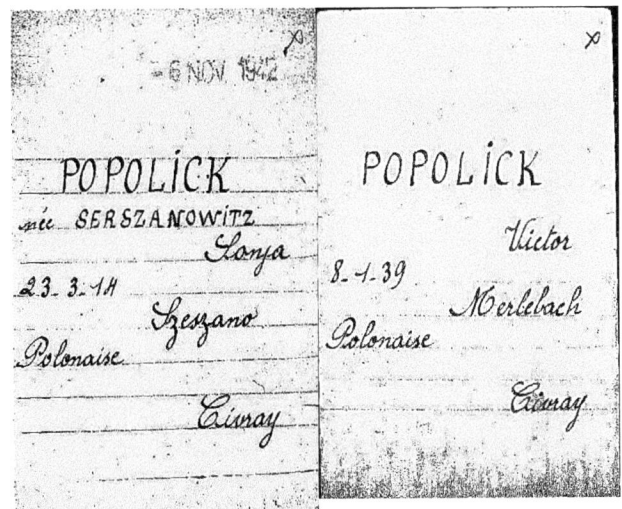

20-21. Karteikarten für die Frau und das kleine Kind von Abram Popiolek

1   Nizza (Nice), 30.3.48

Liebe Mutti, Vati, Jacki! 22

Ich sitze im Garten vor, oder hinter, wie Ihr wollt,
dem neuen Heim. Kleidung: Dirndl Schweiz,
nackte Beine und Sandalen. Strahlende Sonne
vor mir eine Balustrade mit einigen Palmen,
in der Ferne die Stadt und das sprichwörtlich
blaue Mittelmeer. Etwa so:

Hinter mir der eigentliche Garten, der in
Terrassen ansteigt. Eine Hälfte dieser Ter-
rassen besteht aus Rasen. Auf der anderen
Orangenbäume und 2 Kirschbäume in

22. *Heimterrasse in Nizza, erste Seite aus Gretes Brief vom 30. März 1948,
Füllfederhalter, dunkelblaue Tinte.*

23. *Gretes und* Rémys *Zimmer in Nizza, Zeichnung von Grete, im Brief vom 7. April 1948, Buntstifte*

24. „Nach Lychen hinein", Aquarell von Grete, Juli 1940,
Quelle: Historisches Psychiatriearchiv der Charité, Berlin

25. „Lychen, Blick auf den Wurl-See", Aquarell von Grete, Juli 1940,
Quelle: Historisches Psychiatriearchiv der Charité, Berlin

25. Aquarell von Grete, Juli 1940,
Quelle: Historisches Psychiatriearchiv der Charité, Berlin

Dank

Dieses Buch wäre, zumindest in dieser Form, nicht ohne die Mitarbeit – und Unterstützung – zahlreicher Personen zustande gekommen. Mein ganz besonderer Dank geht an:

- Katy Hazan, die mich mit den ehemaligen Kindern der CCE in Verbindung gesetzt hat,
- Alle Ehemaligen Kinder bzw. Erzieher, die mir ihre Erinnerungen an meine Eltern mitgeteilt haben, unter welchen

    - Zette Lunet, Benjamine Gerbal, Rosette Siclis, Esther und Micha Brym, Roda Kornblum, Bernadette Pszenica, Hélène Waysenson ...
    - Marcel Jablonka, der mich dazu angetrieben hat, die Briefe zu übersetzen, und dieses Buch zu schreiben,
    - Daniel Baron, der mir bewiesen hat, dass ich dazu fähig war,

- Ève Line Blum-Cherchevsky, die mich dazu geführt hat, meine Forschung nach meinen Großonkel Nachman Popiolek weiterzutreiben,
- Raymonde Jabouille für ihre umfangreichen Informationen und Fotografien über meinen Großonkel Nussen Popiolek,
- Jeannette Gersanois für ihre Informationen und Fotografien über die Familie und Schwiegerfamilie meines Großonkels Abram Popiolek,

- Meine Vetter Évelyne und Jacques, die mir seine Krankenhausakte beschaffen haben,
- Mein Onkel 2. Grades Claude Popiolek, der mir mit seinem Buch den Weg eröffnet hat,
- Mein Onkel David, der mir das wertvolle, von den ehemaligen Schützlingen der UJRE-CCE herausgegebene « blaue Buch » geschenkt hat,
- Dr. Rainer Herrn vom historischen Psychiatriearchiv der Charité, Berlin, der mir den Zugriff zu Gretes Patientenakte gewährt hat,
- Elvira Funk-Schaier, die mich dazu angetrieben hat, eine deutsche Fassung zu schreiben,
- Gabi und Helge Neumann, die sie überprüft und korrigiert haben,
- Meine britische Kusine 2. Grades Carmen, die meinen Deutschen Entwurf kritisch gelesen hat,
- Meine Schwiegermutter Odette, die mir beim Vorlesen meines Entwurfes ihr aufmerksames Ohr geliehen hat,
- Meine mütterlichen Großeltern, die nichts weggeworfen haben, sodass ich ihr Familienarchiv erben konnte,
- Meine Frau Danielle, die mich unterstützt und die französische Fassung aufmerksam korrekturgelesen hat ...

... sowie alle, die ich vergessen habe, und die ich um Entschuldigung bitte.

Bücher

Hier genannt:

- Martens, Dr. Holger, *Auf dem Weg in den Widerstand: Die "Echo"-Versammlung der Hamburger SPD 1933*, Arbeitsgemeinschaft verfolgter Sozialdemokraten, Hamburg 2010
- Meitmann, Jack, *Konsequente Demokratie*, Frieling Verlag, Berlin 1992

In französischer Sprache, aus der frz. Originalausgabe:

- Baron, Daniel, *La vie Douce-Amère d'un Enfant Juif*, éd. l'Harmattan 2010
- Francès, Robert, *Un Déporté Brise son Silence*, éd. L'Harmattan, 1997
- Hazan, Katy, *Les Orphelins de la Shoah, Les Maisons de l'Espoir (1944 – 1960)*, éd. Les Belles Lettres, 2000
- Jablonka, Ivan, *Histoire des Grands-Parents que je n'ai pas eus*, éd. du Seuil, 2012
- Muller, Annette, *La Petite fille du Vel d'Hiv*, éd. Centre de recherche et de documentation sur les camps d'internement et la Déportation juive dans le Loiret (CERCIL), Orléans, 2009
- Popiolek, Claude, *La Douce France, ce Jour-là*, éd. Amalthée, 2014
- Schwarz, Lotte, *Je veux Vivre jusqu'à ma Mort*, éd. du Seuil, 1979

Namenregister

A

Aachen · 64
Adam, Hans · 42, 137, 158
Adam, Hermann ("*Opa Adam*") · 22, 27, 135, 150, 156, 157, 161, 173
Adam-Grotkopp, Emma ("*Emmi*") · 145, 158, 161
Adam-Meitmann, Else ("*Mutti*") · 11, 21, 27, 31, 32, 34, 37, 42, 43, 45, 46, 49, 53, 64, 80, 86, 87, 89, 93, 102, 103, 109, 111, 120, 123, 127, 129, 130, 131, 135, 137, 139, 141, 152, 155, 157, 158, 159, 160, 161, 162, 163, 164, 165, 166, 167, 173, 180, 181, 182, 183, 210, 211
Adam-Schultze, Anni · 27, 158
Ainay-le-Château · 231
Aix-les-Bains · 79
Allier · 231

Al-Malik-Saud-Al-Awal · 151
Alpen · 79, 200, 209
Altona · 25, 64, 177
Amsterdam · 56
Andersen, Dr Hermann · 46, 47
Andrésy · 79, 80, 82, 84, 91, 93, 99, 111
Angoulême · 228
Anklam · 170
Annette · 120, 269
Antäus · 106
Apt · 214
Arbeiter-Wohlfahrt · 166
Argence · 129

Ä

Ärmelkanal · 123

A

Armenia · 239
Auschwitz · 57, 65, 134, 200, 202, 222, 226, 232
Austerlitz-Bahnhof, Paris · 231
Auvers-sur-Oise · 102
Auxy · 223
Axel · 36

B

Bachstraße, Jena · 50
Bagneux, Friedhof · 227, 237
Bargue, Rue, Paris · 67, 68, 70, 79, 83, 87, 198, 224, 225, 234, 237
Barnault · 223
BASF · 202
Bäsler · 161
Bayer · 202
Beaune-la-Rolande · 200, 223, 260, 261
Beauregard, Villa, Nizza · 71
Beauvais · 69
Belgien · 63
Bergen-Belsen · 205
Berlin · 34, 41, 42, 43, 45, 46, 47, 49, 50, 53, 81, 105, 130, 152, 158, 159, 162, 218, 264, 265, 268, 269
Berton · 227
Bessarabien · 239
Betty · 89
Bideau, Jeanne · 89, 111
Birkenau, Auschwitz II · 202

271

Blohm und Voss, Werft · 151
Blumes-Popiolek, Cecilia · 222
Boelcke-Kaserne, Nordhausen · 205
Bonn · 129, 138, 162
Bonnieux · 212, 213
Bourget, Le · 207, 208
Brecht, Bertolt · 160
Bremen · 64, 233
British Columbia · 189
Brodersen, Anne und Niels · 42
Brückler, Ernst · 201
Brügge · 56
Brunner, Alois · 201
Brym, Micha · 74, 75, 109, 267
Brym-Desarthe, Esther · 74, 75, 267
Buchenwald · 67, 187, 206
Buna · 202
Bundesrepublik · 178
Bundestag · 102, 178
Bürgerschaft · 26, 54, 177
Busch, Ernst · 159, 160, 180
Busch, Wilhelm · 146

C

Cap Arcona · 205
Caroline · 110
CCE, Zentralkommission für die Kindheit · 71, 72, 75, 76, 88, 91, 95, 100, 103, 111, 211, 267, 268
Champs-Élysées · 96
Chaponval · 102
Charente · 228
Charité, Krankenhaus · 49, 264, 265, 268
Charkov-Charkiv ("*Karkoff*") · 195, 196, 220
Charleroi · 64
Charleston · 190
Charlottenburg · 41
Charonne, Rue de, Paris · 138
Cher · 231
Chezal-Benoît · 231
Chleuhs · 214
Christian-Albrecht-Universität, Kiel · 176
Citroën · 212
Civray · 228, 229, 232
Cohen-Reuss, Max · 80, 81

Colonel-Fabien, Avenue, Livry-Gargan · 99, 107
Cooper, Fenimore · 173
Cosnefroy-Bruzeau-Popiolek, Marguerite ("*Tante Margot*") · 222
Coteaux, Avenue des, Le Raincy · 91, 107, 116

D

Dabrowski, Marcel · 223
Daix · 126
Dakota · 207
Dänemark · 188
Daquin, Louis · 97
DB · 20
De Dietrich · 211
Demarkationslinie · 223, 232
Denouval, Manoir, Andrésy · 80, 88, 89
Deutschland · 12, 20, 54, 57, 102, 106, 118, 129, 158, 163, 179, 195, 218, 220, 223
Dijon · 222
Dittmer, Wilhelm · 58
Djiki · 87

Dora, Nordhausen · 204, 206
Dorendorf, Herbert · 33
Dorendorf, Margarethe ("*Grete*") · 21, 33
Drancy · 200, 201, 207, 222, 229, 253, 254, 255, 256, 259, 260
Drossen · 33, 36, 38
Duclos, Jacques · 104
Dupetit-Thouars, Cité, Paris · 219
Düsseldorf · 64

E

Edmonton · 191
Eisler, Hanns · 160
Ellerbek · 173, 179
Ellerbeker Buttgilde · 179
Ellis Island · 188, 240
Elsass · 20, 211
England · 48, 57
Erquelinnes · 64
Essen · 64
Estland · 222
Europa · 29, 58, 225, 239

F

Favorites, Rue des, Paris · 200
Feist-Adam, Anna ("Oma") · 27, 31, 32, 34, 42, 43, 46, 47, 97, 135, 137, 145, 156, 162, 163, 164
Ferguson, John · 241
Flensburg · 175
Fontenay-aux-Roses · 95, 211
Forge, La, Kinderheim · 95
Fort Douglas · 190
Fort McArthur · 190
France · 269
Francès, Robert · 204, 269
Frankfurt/Oder · 33, 34
Frankreich · 11, 15, 16, 19, 20, 48, 57, 63, 65, 82, 86, 89, 97, 104, 105, 120, 136, 212, 216, 217, 220, 223, 224, 225, 227, 228, 232, 248
Freie Turnerschaft an der Kieler Föhrde · 174
Freud, Siegmund · 145
Freyming · 227
Friedensbewegung · 104, 125

Friedrich-Wilhelm-Universität · 49
Frz. Kommunistische Partei (FKP, PCF) · 104
Fuhlsbüttel · 25, 31, 53, 177, 178

G

Gaarden · 155, 157, 171, 173, 179
Gardelegen · 205
Gayk, Andreas und Frieda · 41, 42
GEG · 150, 174
Geneanet · 243
Genf · 103
Germaniawerft, Kiel · 157
Gerszanowicz-Popiolek, Soura Riwka ("*Sonia*") · 229, 230
Gesellschaft der Freunde von Włocławek · 218
Gestapo · 31, 32, 47, 178
Gleiwitz · 203
Glogau · 37, 156
Goethe · 180
Goldfarb, Felicitas ("*Fée*") · 93, 96, 100
Goldman, Franck · 236, 237, 238, 239

Goldman, Lewis (Louis) · 236, 237, 238, 239, 240
Goldman-Chant, Dorothy (Dora) · 236, 237
Goldman-Klein, Ellen · 240
Granville · 123
Grotkopp, Wilhelm ("*Willi*") · 145
Grumbach, Salomon · 60
Gülck, Hans · 171, 189, 190, 191

H

Haase, Busfirma · 152
Hallerstraße, Hamburg · 53, 55
Hamburg · 13, 15, 25, 28, 31, 32, 34, 45, 53, 63, 64, 65, 75, 79, 86, 96, 97, 103, 105, 135, 136, 162, 167, 171, 174, 177, 211, 233, 269
Hansa-Meierei · 152
Hapag · 233, 239
Harmsstraße, Kiel · 163
Hasseldieksdam · 22

Havel · 159
Heiligenhafen · 167
Hélène · 116, 125, 128, 133, 139, 267
Hellig Olaf, Schiff · 188
Hermberg · 50
Hermberg, Paul · 178
Heydorn, Heinz-Joachim · 58
Heymannstraße, Hamburg · 55, 136
Himmler · 202
Hitler · 31, 47, 53, 139, 162, 177, 225
Höchst · 202
Holstenstraße, Kiel · 163
Horn, Modehaus, Hamburg · 54
Howaldt-Werft · 150
Humanité, L', Zeitung · 104, 105

I

IC · 64
ICE · 64
IG Farbenindustrie · 202
Independent Labour Party · 58

Internet · 185, 187, 191, 234, 235
Issoudun · 223, 232

J

Jablonski, Ernst ("*Jouhi*") · 95
Jabouille, Raymonde · 223, 230, 232, 267
Jacqueline · 108
Jardins Saint-Paul, Rue, Paris · 196
Jena · 50, 51, 150, 162
Jeumont · 64
Joint, American Jewish Joint Distribution Committee · 76, 91

K

Kaiserliche Werft, Kiel · 157
Kalifornien · 171, 190
Kanada · 189, 190, 191
Kapp-Putsch · 176
Katharina II, Zarin · 157
Kehl · 19, 20
Kiel · 19, 22, 27, 31, 34, 36, 42, 45, 46, 47, 53, 97,

274

137, 149, 150, 155, 157, 158, 159, 161, 162, 163, 164, 166, 167, 169, 171, 173, 176, 177, 179, 182, 185, 186, 187, 188, 191
Kiel-Falckenstein · 166
Klein, Adolf ("*Onkel Adolf*") · 171
Klein-Meitmann, Louise · 170, 171, 172
Klingbeil, Anna Katharina · 50
Klinik der Metallarbeiter, Paris · 108
Klosterfelde · 161
Knesebeckstraße, Berlin · 41, 46, 50
Kochem · 138
Kolafu · 31
Köln · 64
Konsum-Genossenschaft · 22, 150, 158
Kopenhagen · 188
Köster, Dr Adolf · 175
Krakowska-Sciarke, Adèle · 218
Krankenhaus, städtisches, Kiel · 182
KZ · 13, 16, 31, 63, 69, 72, 99, 109, 134, 206, 209, 223
KZ-Transport 05 vom 28.06.1942 · 223
09 vom 22.07.1942 · 222
13 vom 31.07.1942 · 226
16 vom 06.08.1942 · 226
45 vom 11.11.1942 · 222
73 vom 15.05.1944 · 222
76 vom 30.06.1944 · 201

L

Laboe · 36, 160
Leslau · 215
Lévy-Valensi, Pr · 231, 232
Lipsheim · 211
Litauen · 222
Livry-Gargan · 99, 101, 105, 107, 108, 125
London · 58, 59, 60, 87, 92, 222
London, Jack · 173
Los Angeles · 190, 191
Lothringen · 227, 228
Louvre, Museum, Paris · 120
Lübeck · 47, 152, 166
Lunet, Zette und Pierre · 80, 84, 91, 104, 107, 116, 267
Lutétia, Hôtel, Paris · 208
Lüttich · 64
Lynn Valley, Vancouver · 189, 190
Lyon · 222

M

Maasholm · 182
Madeleine · 102, 109
Magali · 12, 59, 64, 138, 139, 141, 142, 165, 166, 210, 212, 213
Maienweg, Hamburg-Fuhlsbüttel · 25, 26
Mai-Unruhen 1968 · 212
Mandschurei · 32
Mans, Le · 59, 60, 63, 209, 210, 211

Marceau, Marcel · 211
Marne · 127
Martha Washington · 190
Maubeuge · 64
May, Karl · 173
Mecklenburg · 171, 172
Méhoncourt, Schloss · 63, 209
Mehr Demokratie, Verein · 152
Meitmann, Anton · 171, 185, 186, 187, 188, 191, 192
Meitmann, Gabriel · 170
Meitmann, Hans · 172
Meitmann, Heinrich ("*Hein*", "*Heiner*") · 186, 188, 190, 191, 192
Meitmann, Heinrich Jr I · 191
Meitmann, Heinrich Jr II ("*Henry*", "*Hank*") · 191
Meitmann, Jack ("*Jacki*") · 15, 19, 22, 26, 27, 28, 29, 32, 35, 42, 43, 45, 46, 49, 64, 112, 113, 120, 123, 126, 137, 141, 145, 149, 151, 159,
162, 165, 166, 167, 183, 185, 186, 187, 192, 211
Meitmann, Johannes I Jr. · 191, 192
Meitmann, Johannes Sr. · 22, 170, 171, 173
Meitmann, Karl ("*Vati*", "*Opa*") · 21, 25, 31, 32, 33, 35, 36, 39, 41, 42, 45, 48, 49, 53, 54, 64, 69, 80, 87, 97, 102, 103, 105, 120, 123, 129, 135, 137, 146, 150, 160, 161, 162, 163, 164, 166, 169, 172, 173, 177, 179, 181, 182, 183, 185, 188, 189
Meitmann, Wilhelm ("*Bill*") · 171, 185, 186, 188
Meitmann, Wilhelm ("*Willimann*") · 187
Meitmann-Cooper-Mastin, Carmen · 187, 192, 268
Meitmann-Gülck, Else · 171, 189, 191
Meitmann-Hansen, Luisa ("*Lissi*") · 172
Meitmann-Poschar, Wilhelmine ("*Minna*") · 171
Meitmann-Stermann, Grete ("*Grète*") · 11, 12, 13, 14, 15, 19, 21, 23, 27, 34, 35, 36, 41, 42, 43, 46, 58, 64, 72, 73, 74, 82, 96, 101, 115, 117, 119, 133, 141, 142, 149, 151, 161, 166, 167, 169, 172, 179, 183, 188, 191, 195, 211, 214, 243, 263, 264, 265
Meldeamt, Kiel · 187
Merlebach · 227, 228, 229, 230
Metz · 228
Meyer, Gerold · 60
Meyer-Abel-Meitmann, Johanne · 172
Mickey · 76
Migasta · 163
Mischa · 110
Mittelbau · 204
Mittelmeer · 71, 72
Moldawien · 239
Monge, Rue, Paris · 65
Mongolei · 32

276

Mönkeberg · 139, 140, 152, 153, 162, 163, 164, 166, 179, 180
Monowitz, Auschwitz III · 202
Montfermeil · 129, 130, 133, 134
Mormonen · 191
Morvan, Gebirge · 86
Mosel · 138
Mösli · 57
MRAP, Antirassistische Bewegung · 86
Münster · 64
Müritzsee · 43, 159
Muschi · 76, 87

N

Naïe Presse, Zeitung · 198
Namur · 64
New-York · 188
Niederschlesien · 37, 156
Niendorf · 32
Nivillers · 69, 73
Nizza · 71, 72, 74, 75, 76, 79, 80, 85, 91, 262, 263
Nordbahnhof, Paris · 63, 64, 106
Nord-Express · 63, 64
Nordhausen · 204, 206

Nord-Schleswig, Abstimmung · 175
Nordsee · 59
Normandie · 130, 222
Norwegen · 89
Nürnberg · 233

O

Oise · 102
Old Shatterhand · 173
Ontario, CA, USA · 190
Opel-Dello · 152
Oranienburg · 53, 162
Orléans · 200, 223, 226, 269
OSE, Kinder-Hilfswerk · 63, 67, 209
Osnabrück · 64
Ostsee · 152, 164, 188
Ostsee-Omnibus · 152

P

Pain · 211
Pankow-Meitmann, Anna ("*Anni*") · 191
Panthéon, Paris · 65
Paris · 69, 74, 80, 196, 206

Paris-Skandinavien-Express · 64
Parsifal · 64
Passat, Segelboot · 182
Pavillons-sous-Bois, Les · 108
Peene · 170
Pessicart, Avenue, Nizza · 71
Pétain, Philippe · 199
Peter III, Zar · 157
Peugeot · 212
Philadelphia · 20, 233, 234, 235, 236, 237, 238, 239
Picardie · 71
Pif · 102
Pithiviers · 200, 226, 258, 259
Pitschi Poi · 201
Plateau, Allée du, Le Raincy · 91, 93, 96, 100, 107, 116
Plön · 152
Poissy · 89
Poitiers · 229, 230, 231
Polen · 134, 195, 196, 217, 219, 221, 222, 239
Polkwitz · 37
Popilok, David · 217
Popiolek, Abram ("*Avrum*", "*Albert*") · 216, 217, 227, 229,

277

231, 232, 261, 267
Popiolek, Alexander ("*Sender*", "*Alexandre*") · 109, 209, 216, 222
Popiolek, Beer ("*Bejek*") · 216, 217, 221
Popiolek, Claude · 222, 268, 269
Popiolek, Hersz ("*Henri*") · 216, 217, 221, 222, 259
Popiolek, Jakob ("*Yankel*", "*Jacques*") · 216, 217, 223, 260
Popiolek, Nachman · 216, 217, 222, 260, 267
Popiolek, Nussen ("*Nathan*") · 216, 217, 222, 223, 224, 230, 267
Popiolek, Victor · 229, 230
Popiolek, Wolf · 215, 217
Popiolek-Popilok, Mojsze Icek (Maurice) · 215, 218, 221
Popiolek-Stermann, Rojzla ("*Rachel*") · 196, 215, 216, 217, 218, 220,

221, 225, 237, 259
Poplar Street, Philadelphia · 20, 221, 224, 234, 236
Popolick · 230
Prag · 178
Preetz · 153
Provence · 12, 138
Putigneux, Impasse, Paris · 219
Putschlau · 37, 156

R

Raincy, le · 11, 91
Raincy, Le · 93, 96, 97, 107, 117, 119, 120, 123
Raincy,Le · 127, 133, 138
Rathenaupark · 25
Reichsbanner · 25, 177
Ribnitz · 171
Riviera · 71
Rockefeller · 241
Röhrdanz · 50
Rollin, Rue, Paris · 63, 64, 67, 116, 118, 119, 131, 133
Rose · 100, 103, 105
Rosette · 116, 267
Rostock · 171, 172
Rote Armee · 203
Rotes Kreuz · 99, 167, 190, 235

Rousseau, Jean-Jacques · 181
Routier · 199, 200
Rozenholc-Popiolek, Szprynça ("*Solange*") · 209, 211
Rumänien · 211
Ruscheweyh, Dr Herbert · 178
Russland · 195, 196

S

Saarland · 228
Sainte-Anne, Krankenhaus, Paris · 227, 228, 231, 232
Sainte-Maxime · 72
Saint-Florent-sur-Cher · 223
Saint-Germain-des-Prés, Paris · 208
Saint-Quentin · 64
Saints-Pères, Hôtel des, Paris · 208
Saint-Tropez · 73
Salpétrière-Krankenhaus, Paris · 231
San Pedro · 190
Savoyen · 79
Schakowsky-Meitmann, Amalie ("*Male*", "*Mali*") · 187
Schiller · 180

Schlakar-Goldman, Nachman-Meyer (Myer) · 236, 239, 240
Schlei · 182
Schleswig · 178
Schleswig-Holstein · 25, 172, 175, 176, 177
Schlieker-Werft · 152
Schmagorei · 32, 33, 35, 36, 39
Schneider, Romy · 86
Schöneiche · 42
Schottland · 59
Schulimowitz, Itzig · 239
Schwarz, Lotte · 63, 65, 67, 80, 84, 90, 95, 103, 115, 116, 118, 119, 129, 130, 133, 138, 209, 210, 212, 269
Schwarz-Languepin, Anna Judith ("*Anjuta*", "*Aniou*") · 90, 115, 120, 210, 212
Schweiz · 57, 59, 60, 123
Seattle · 191, 192
Segal, Gilles · 211
Seine · 80, 102, 231
Settons, See · 86
Siarka-Popiolek, Ruchla · 216, 217, 218, 220

Siarka-Sciarke, Alexander (Alexandre, "*Sender*") · 218
Siemsen, Anna · 57
Simca · 212
Singer · 119
Smyrek, Modehaus, Jena · 50
SNCF · 20
Soldan, Filmkulissen · 162
South Carolina · 190
SPD · 25, 26, 31, 53, 54, 80, 103, 150, 152, 157, 177, 178, 269
SS · 32, 47, 201, 203, 205, 206
Stadtkloster, Kiel · 163, 164
Stalingrad · 74
Stary Rynek · 215
Stermann, Camille · 65, 67, 85, 105, 195, 197, 199, 200, 201, 205, 206, 219, 237, 240, 254
Stermann, Catherine ("*Catia*") · 12, 13, 87, 89, 90, 91, 95, 96, 97, 101, 102, 105, 106, 109, 110, 115, 116, 117, 119, 120, 123, 124, 125, 128,

129, 130, 133, 136, 137, 138, 140, 141, 142, 143, 151, 155, 162, 180, 196, 197
Stermann, David · 82, 120, 197, 200, 209, 224, 228, 268
Stermann, Gilles · 12, 14, 64, 140, 180, 182
Stermann, Henry ("*Rémy*") · 12, 13, 57, 59, 60, 63, 64, 65, 67, 68, 69, 71, 72, 73, 75, 76, 81, 82, 83, 84, 87, 89, 90, 91, 92, 93, 94, 97, 101, 103, 104, 105, 106, 107, 108, 109, 110, 111, 112, 113, 116, 117, 118, 119, 123, 125, 126, 130, 131, 135, 138, 141, 146, 165, 166, 182, 183, 195, 197, 198, 199, 200, 203, 205, 207, 208, 209, 210, 211, 215, 225, 227, 234, 237, 240, 253
Stermann, Michel ("*Micha*") · 11, 74, 109, 110,

119, 136, 138, 139, 140, 151, 160
Stermann, Nathan · 197, 198, 199, 200, 204, 205, 255
Stermann-Wolf, Monique · 83, 197, 200, 209
Stettin · 157
Stockholm · 56
Stralsund · 170
Straßburg · 19, 20, 211
Strawinsky, Igor · 179
Sylt · 105
Syrien · 201
Szulamowicz?-Goldman, Esther · 224, 234, 236, 238, 239
Szulamowicz?-Stermann Lajzer (Leiser, "*Lazare*") · 195, 196, 217, 218, 219, 220, 224, 233, 238, 257, 258

T

Table Ronde, La · 69
Tarnos · 82
Tello · 35
Thälmann, Ernst · 187

Thalys · 64
Timmendorfer Strand · 152
Trans-Europ-Express (TEE) · 64
Tröndelsee · 173

U

UdSSR · 108
UJRE · 71, 113, 211, 268
UNESCO · 103
USA · 74, 189, 234, 241
US-Army · 205
Usedom · 170
Utah · 190

V

V2 · 205
Van Gogh · 102
Vancouver · 171, 189, 190, 191
Vel d'Hiv, Rad-Rennhalle · 104, 200, 225
Vélo-Solex · 118
Vereinsbäckerei, Kiel-Gaarden · 150, 174
Vernon, BC, Kanada · 189
Vichy-Regime · 225
Vienne · 228
Villa, Pancho · 186, 190

Violet, Rue, Paris · 209
Volkswagen · 120, 123, 179
Volvo · 182
Vorpommern · 170, 172

W

Wansleben · 206
Warschau · 221, 239, 240
Wartburgstraße, Jena · 50
Washington · 191
Wehrmacht · 47, 227
Weichsel · 215
West-Sternberg · 33
Wichené, Simon · 60
Wien · 204
Wikipedia · 144
Winnetou · 173
Włocławek · 215, 218, 221, 223, 237, 239, 240
Wolgast · 170, 171, 172, 191
WWW · 234, 243

Z

Żabia, Ulica, Włocławek · 215
Zielenzig · 33
Zürich · 57